A Bíblia da Meditação

A

Bíblia da Meditação

O guia definitivo de trabalho com a meditação

Madonna Gauding

Tradução:

MÁRCIA FIKER

Editora Pensamento
SÃO PAULO

Título do original: *The Meditation Bible*.

1ª edição 2012 (catalogação na fonte 2011).
4ª reimpressão 2020.

Publicado originalmente na Grã-Bretanha em 2005 pela Godsfield Books, uma divisão da Octopus Publishing Group Ltd. Endeavour House, 189 Shaftesbury Avenue, London WC2H 8JY. www.octopusbooks.com.uk

Coordenação editorial: Denise de C. Rocha Delela e Roseli de S. Ferraz
Preparação de originais: Roseli de S. Ferraz
Revisão: Claudete Agua de Melo

Dados Internacionais de Catalogação na Publicação (CIP)
(Câmara Brasileira do Livro, SP, Brasil)

Gauding, Madonna
A Bíblia da meditação : o guia definitivo de trabalho com a meditação / Madonna Gauding ; tradução Márcia Fiker. – São Paulo: Pensamento, 2011.

Título original: The meditation Bible.
ISBN 978-85-315-1752-5

1. Autoconsciência 2. Autopercepção 3. Meditação 4. Paz de espírito 5. Tranquilidade I. Título.

11-09557 CDD-158.128

Índices para catálogo sistemático:
1. Meditação : Autoanálise : Psicologia aplicada 158.128

Direitos de tradução para o Brasil
adquiridos com exclusividade pela
EDITORA PENSAMENTO-CULTRIX LTDA.
Rua Dr. Mário Vicente, 368
04270-000 – São Paulo, SP
Fone: (11) 2066-9000
E-mail: atendimento@editorapensamento.com.br
http://www.editorapensamento.com.br
que se reserva a propriedade literária
desta tradução.
Foi feito o depósito legal.

Sumário

PARTE 1

ANTES DE COMEÇAR

INTRODUÇÃO

Se você for novato em meditação, se sentirá confortável aqui. E se você for um meditador experiente, sua inspiração será renovada. Quer você seja um iniciante, ou já seja um praticante de meditação há algum tempo, este livro fornece para você uma ampla coleção de meditações simples e eficazes para enriquecer sua vida diária e aprofundar sua prática espiritual. Tudo está explicado com clareza, com instruções fáceis de seguir.

Para cada tipo, você encontrará uma curta explicação e seus benefícios característicos em pontos de marcador. Abaixo destes você encontrará um ou dois parágrafos com informações adicionais, seguidos de uma caixa de texto sombreada, com instruções orientadas passo a passo sobre como realizar a meditação, incluindo o melhor momento para praticar e a preparação.

Este livro é organizado de modo que as meditações possam ajudar você. Por exemplo, as meditações que o ajudarão a se acalmar e se centrar se encontram na primeira seção. Essas práticas diminuem seus níveis de stress e ajudam você a equilibrar-se e centrar-se em seu corpo e mente. Se você tem um dia difícil no trabalho ou está apenas se sentindo sobrecarregado por seus filhos,

cônjuge e listas intermináveis de coisas para fazer, essas meditações ajudarão você a se acalmar e recuperar a sanidade. Mas antes de começar, você conhecerá a meditação básica da respiração, a meditação original ensinada pelo Buda há 2.500 anos. Essa forma antiga de meditação é um ótimo ponto de partida se você for um iniciante. Por ser tão poderosa e eficaz, a meditação da consciência da respiração é a base de muitas entre as diversas meditações reunidas aqui.

As meditações para viver de maneira atenta seguem a introdução. Se você se sente distraído e desatento, caso esteja fazendo coisas demais ao mesmo tempo, essas meditações o ajudarão a ficar mais atento ao que está fazendo e pensando. A meditação de lavar a louça vai ensinar você como prestar atenção a cada aspecto de uma tarefa. Você aprenderá que, ao reduzir a velocidade e praticar a atenção plena, sua vida será enriquecida e, em última análise, será mais produtiva.

A meditação é uma ferramenta muito poderosa para curar o corpo, a mente e o espírito e esse aspecto é caracterizado a seguir. Aqui você aprenderá a usar o poder da visualização para promover a cura e evitar doenças. Se você luta contra vícios, se tiver traumas de infância que não foram curados ou sofrer de depressão, encontrará uma grande variedade de meditações para ajudar você em sua jornada de cura. Tente meditar numa árvore grande e antiga para recuperar a sua saúde física após uma doença, ou tente visualizar o Buda feminino Tara enquanto ela cura seus medos e concede-lhe a longevidade.

Você vai descobrir que a meditação não se refere apenas a sentar-se numa almofada – você pode meditar enquanto se movimenta. Tente caminhar num labirinto, rodopiar como um dervixe ou varrer o chão como uma prática meditativa. Você aprenderá como transformar qualquer coisa que faz numa meditação para melhorar sua vida e aprofundar sua espiritualidade.

Todos nós queremos ser amorosos e compassivos, mas isso requer esforço e prática. As meditações para o amor e a compaixão trazem esses conceitos para a sua consciência e ajudam você a manifestar essas qualidades em sua vida diária. Aprenda a prática bela e muito poderosa do budismo tibetano de *tonglen*, para gerar amor e compaixão por si mesmo e pelas outras pessoas. Você encontrará meditações para superar o preconceito, compreender o amor verdadeiro e explorar o seu chakra do coração.

Se você estiver endividado, se necessitar de ajuda, mas tiver dificuldade de pedir auxílio, ou estiver enfrentando um dilema ético, permita que as meditações de soluções de problemas ajudem você a enfrentar suas dificuldades. Quando você sentir que seus problemas são insuperáveis, a meditação poderá ajudá-lo a superar sua ansiedade e descobrir maneiras criativas e eficazes de remediar sua situação.

As meditações para manifestar seus sonhos são exploradas. Por meio da atenção focada e da visualização, você poderá incumbir sua mente e coração de criar a vida que você deseja. Talvez você queira deixar seu passado para trás e dar espaço para o novo; você poderá visualizar com clareza o trabalho que gostaria de fazer ou manifestar seus sonhos para o benefício de todos no planeta. Você aprenderá que a meditação pode ser uma ferramenta poderosa para tornar os seus sonhos realidade.

Conectar-se com o Divino por meio da meditação completa a sua exploração dessa prática antiga. As meditações inspiradas por uma variedade de tradições espirituais, tanto orientais como ocidentais, podem ajudar você a vivenciar o Sagrado. Não há requisitos de fé ou crença. Permita que essas meditações apresentem a você alguma coisa ou algum ser maior do que você mesmo (ou aprofunde a sua própria noção a esse respeito). Prove o seu próprio potencial para o crescimento espiritual.

O QUE É MEDITAÇÃO?

Talvez você considere a meditação uma prática exótica associada às religiões orientais. Ou talvez a relacione com uma postura especial, que requer pernas cruzadas e mãos dispostas de formas estranhas. Pode ser que você associe a meditação ao ser "sagrado". Felizmente, nenhuma das alternativas acima é verdadeira.

A meditação simplesmente se refere a fazer a escolha de concentrar a mente em alguma coisa. De fato, ler um livro é uma forma de meditação, bem como assistir um filme ou propaganda na TV. Pensar em sua discussão com seu cônjuge nesta manhã e na pilha de trabalho à sua espera no escritório, enquanto você dirige, é meditação. Escutar um CD é meditação. Concentrar-se cuidadosamente na escolha do cacho de bananas que você vai comprar é uma forma de meditação.

A sua mente e sua realidade exterior estão em constante estado de fluxo. Em cada segundo de sua vida você está criando ou construindo a sua realidade por meio do que você pensa e do que você absorve do ambiente. Com o tempo, você desenvolve hábitos que dizem respeito ao que você pensa, bem como hábitos que se relacionam com o que você absorve. Por exemplo, talvez você descubra que é um provocador e que gosta de assistir a programas violentos de crimes na TV. Você pode constatar que costuma fantasiar sobre a vida que gostaria de ter e tem o hábito diário de ler romances. Uma vez que estamos meditando o tempo todo, a pergunta é: "você escolhe meditar em quê?".

Muitas tradições espirituais utilizam essa tendência dos seres humanos – de sempre estarem pensando, absorvendo informação e criando experiências – para ajudar a criar vidas melhores. Uma vez que você está sempre pensando, elas concluem, por que não concentrar conscientemente a sua mente em temas positivos e benéficos? Por que não usar a meditação para aprender como funcionam sua mente e emoções e desenvolver hábitos positivos de mente, corpo e espírito? Desse modo, você poderá desenvolver seu potencial como um ser humano: em termos mentais, físicos e espirituais.

Pratique para uma vida mais feliz

A meditação não é mística, sobrenatural ou inacessível. Ela não está reservada para a "elite", nem para aqueles impregnados de conhecimento sobre religiões orientais ou alternativas. A meditação é muito realista e prática; está disponível para todos, qualquer que seja a sua religião. Embora muitas das meditações sejam inspiradas em tradições espirituais antigas e modernas, nenhuma requer fé ou crença. Se você não tiver nenhuma prática espiritual, nem acreditar num deus ou poder superior, faça estas meditações com a motivação de apenas criar uma vida mais feliz para si mesmo.

É possível meditar quando simplesmente criamos um tempo especial para concentrar a mente num sentido positivo e benéfico, mas é útil ter alguma direção e orientação prática. Depois de tentar algumas das técnicas de meditação encontradas neste livro, você descobrirá o que dá certo para você; a partir disso, poderá criar uma prática própria e contínua de meditação. Caso queira aprender mais, procure um mestre de meditação que ajude você a aprofundar e fortalecer sua prática. Um mestre geralmente terá um grupo de alunos associados com sua prática. Além de ter uma instrução contínua de meditação, você terá o apoio e a companhia de seus colegas.

Este livro fornece uma variedade de meditações para você começar. Ele também apresenta diversas técnicas de meditação. Tente ficar atento aos tipos de técnicas que você está utilizando e ao efeito que elas exercem em você. Talvez você descubra que se sente mais confortável com algumas delas e menos com outras. Ou talvez você goste de utilizar diversas técnicas em sua prática contínua de meditação. As técnicas são classificadas em quatro categorias básicas.

Concentrando-se

Na primeira técnica de meditação, você concentra sua mente num objeto. Esse objeto pode ser alguma coisa exterior (uma vela, a imagem de um Buda ou um retrato de Cristo, uma flor) ou um objeto interior, como a sua respiração ou a batida do coração. O propósito desta técnica é aquietar a mente de seus pensamentos constantes e atingir uma certa medida de paz. Concentrar-se num objeto ajuda você a se acalmar e se centrar, estabilizando a sua mente. Como benefício secundário, uma vez que é difícil parar totalmente de pensar, você observará padrões de pensamentos e emoções que o ajudarão a aprender mais sobre si mesmo. A ação de se concentrar durante a meditação ajuda você a se concentrar no que quiser em todas as áreas de sua vida. Isso ajuda a preparar sua mente para outras formas de meditação.

Pensando

Em vez de evitar os pensamentos como forma de acalmar, estabilizar e concentrar a mente, nessas meditações você pensa em um tópico. Você poderá ser solicitado a pensar em algum problema, possivelmente alguma dificuldade com a raiva. Você poderá pensar em alguma virtude que deseja desenvolver, tal como a bondade amorosa ou a paciência; ou no fato de que você e todas as coisas no universo estão conectadas. Você medita num tópico pensando nele de uma maneira concentrada, com a intenção de criar uma mudança positiva em si mesmo; desse modo, você treina sua mente para ser mais positiva.

Visualização

Muitas das meditações pedirão que você visualize algo, que crie uma imagem em sua mente. A visualização ajuda você a criar a sua realidade, manifestar seus desejos e intenções, mudar seu comportamento e até alterar os processos do seu corpo. Por exemplo, nas meditações de Tara você visualiza um Buda feminino que elimina seus medos e cura as suas doenças. Visualizar é um recurso muito poderoso no conjunto de técnicas do meditador. Não se preocupe se sentir dificuldade em ver uma imagem no olho de sua mente. Com um pouco de prática sua capacidade de visualização vai melhorar com o tempo.

Vivenciando

Em algumas das meditações você será guiado por meio de um processo e convidado a vivenciar o que surge para você. Por exemplo, numa meditação você trabalha com um parceiro e aprende a remover barreiras à sua amizade e intimidade. Em outra, você é convidado a testar seus sentidos, concentrando-se intensamente num pedaço de fruta madura.

Cada meditação empregará uma ou mais dessas técnicas. É importante lembrar que as técnicas de meditação são um meio para um fim e não um fim em si mesmas. Elas não são destinadas a promover agressão ou competição. Você pode tornar-se muito hábil em concentrar sua mente e ser capaz de sentar-se por horas com um foco sólido em sua respiração. Você poderá se tornar um atleta espiritual do gênero. Mas se não utilizar sua capacidade para se concentrar no sentido de se tornar uma pessoa positiva, mais gentil e compassiva, você não terá compreendido o principal.

Portanto, lembre-se de estabelecer sua motivação antes de meditar. Você poderá dizer: "Desejo meditar hoje para me ajudar a ser uma pessoa mais feliz e mais gentil, de modo que eu possa ser útil a mim mesmo e aos outros". Quando tiver terminado sua meditação, você pode acrescentar: "Eu dedico meus esforços para meu mais alto benefício e para o mais alto benefício de todos os outros". Essa fase final da meditação intensificará muito suas sessões de meditação.

POR QUE MEDITAR?

Existe uma razão pela qual a meditação tem sido praticada em muitas culturas por milhares de anos – porque seus benefícios são quase numerosos demais para serem mencionados. Em todas as áreas – física, mental, emocional, psicológica e espiritual – a meditação tem o potencial de aliviar o seu sofrimento e ajudar você a criar uma vida melhor. Mas o tempo é muito importante para a maioria de nós, assim você talvez se pergunte: "será que realmente vale a pena meditar?" A resposta é um sonoro "sim".

Medite para melhorar a saúde

Simplesmente observar a sua respiração pode abaixar sua pressão arterial, tornar os batimentos cardíacos mais lentos e aliviar sua ansiedade. A meditação, como um suplemento para o tratamento médico tradicional ou alternativo, pode ajudar você a se curar de diversas doenças, tais como o câncer e a doença cardíaca. Pode ajudar você a lidar com a dor e evitar doenças, ajudando-o a permanecer fisicamente equilibrado e saudável. Ela cria contentamento, paz e alegria, qualidades que ajudam a aliviar seu estado mental que, por sua vez, ajuda a promover a longevidade.

Medite para aguçar sua mente

Comece com a meditação na primeira seção; a seguir, utilize sua mente aguçada e estabilizada para intensificar suas meditações de cura, autodesenvolvimento e realização espiritual. Você pode levar a sua habilidade e disciplina mental recém-descoberta para o seu trabalho

e sua vida familiar, tornando-se um chefe, trabalhador, cônjuge, pai ou mãe e amigo mais eficaz. Ser capaz de levar sua atenção plena a um ser amado ou uma criança pode fazer maravilhas por seus relacionamentos. Ter a habilidade de focar e se concentrar em condições de prazos exíguos no trabalho tornará a vida mais fácil para você e seus colaboradores.

Medite para ficar mais consciente do seu corpo e da sua mente

Pelo fato de haver tantos estímulos da mídia eletrônica com relação ao trabalho, compras e outros entretenimentos, talvez você tenha dificuldade em prestar atenção. O Distúrbio do Déficit de Atenção (DDA) está aumentando entre os adultos que vivem em áreas urbanas de ritmo acelerado. Se você se sente sobrecarregado, pode "se fechar" como uma maneira de lidar com mais coisas do que você consegue administrar. Como resultado das múltiplas tarefas e da correria constante do dia a dia, talvez você descubra que está perdendo a capacidade de estar atento ou plenamente consciente. Experimente a meditação da atenção plena se quiser reavivar seus sentidos e enriquecer sua vida. Aprenda a viver sua vida no presente e apreciar a vida que você tem.

Medite para equilibrar as emoções

É fácil desenvolver um problema com a raiva devido a uma vida estressante. Não é de admirar que, ao trabalhar por longas horas e enfrentar um constante aumento de despesas, você fique irritado e sinta raiva com facilidade. Os distúrbios mundiais e a agitação podem contaminar sua vida com o medo. Ou a sua tendência pode ser sentir inveja e ressentimento do sucesso dos outros. Medite se quiser permanecer consciente de suas emoções e monitorar seus padrões emocionais. Você pode descobrir que algumas meditações ajudam você a transformar emoções negativas em positivas. A paz mental e a reatividade emocional reduzida são apenas dois dos benefícios da prática de meditação a longo prazo.

Medite para curar problemas psicológicos

Se você tiver questões que aparentemente não consegue superar sozinho, procure ajuda profissional. Se quiser acelerar sua recuperação, medite para intensificar sua terapia. Se tiver vícios, um luto não resolvido, se sofreu de negligência infantil ou um trauma, ou outros problemas psicológicos, a meditação é um apoio maravilhoso durante o processo de cura. Ela ajuda você a ser seu próprio amigo e abandonar o ódio que tem de si mesmo. Se você tem problemas com a procrastinação no trabalho ou dificuldades de relacionamento, a meditação pode ajudar você a superar essas condições. Permita que a meditação seja uma grande companheira em sua trajetória de cura, ajudando-o a assumir responsabilidade por sua própria recuperação.

Medite para contemplar os mistérios da vida

Se você se sente sobrecarregado pela visão materialista do mundo que permeia nossa cultura, medite para transformá-la e transcendê-la. Medite se quiser compreender o significado de sua vida, seu destino, sua ligação com todos os seres vivos e a sacralidade da realidade. Espiritualidade é uma palavra desgastada, mas sua raiz vem de "espírito" e se refere à força vital e energia inteligente que permeia o Universo. Você pode chamar essa força de Deus, Buda, Cristo, Mulher Aranha ou poder superior. Ou pode simplesmente abrir-se à ideia de que há mais coisas na vida do que os olhos podem ver. Medite se quiser ter acesso a essa mente iluminada, de modo que talvez você mesmo possa um dia iluminar-se.

PREPARAÇÃO

Você descobrirá que cada tipo de meditação neste livro sugere maneiras de preparação para aquela meditação específica. Entretanto, há algumas coisas que você pode fazer, em geral, para se preparar para a prática de meditação.

Em primeiro lugar, é ter uma mente aberta. Se você for um iniciante, talvez perceba que seus pontos de vista são questionados por alguns dos exercícios. Se você for um meditador experiente, pode descobrir que as meditações são diferentes das práticas que você conhece.

Existe uma antiga história budista chamada "Os Três Potes" que sintetiza os estados mentais que podem ser obstáculos a uma mente aberta. Você deve garantir que seu pote (sua mente) não esteja furado, caso contrário a informação passará através dele sem ser digerida e se tornar sua própria informação. Do mesmo modo, você não quer que seu pote esteja de cabeça para baixo (ou ter uma mente fechada em relação à meditação), pois do contrário nada pode entrar. E, finalmente, você não deseja um pote sujo, contaminado por ideias preconcebidas. Assim, a moral da história é óbvia. Seja você um meditador iniciante ou experiente, prepare-se para ter uma mente aberta e estar receptivo a novas experiências.

Esteja disposto a deixar a meditação mudar você. Mesmo se for positiva, a mudança pode ser assustadora. Por exemplo, se você meditar em amor e compaixão e seu coração se abrir, você talvez descubra que está sentindo mais e tornando-se mais sensível à dor dos outros. De início, você pode sentir-se desconfortável, mas logo descobrirá que ter um coração aberto é menos doloroso que mantê-lo fechado. Se você meditar para subjugar sua raiva e descobrir que se tornou mais paciente e tolerante com os outros, pode ter que abrir mão do antigo eu raivoso, que é uma grande parte de sua proteção e identidade. Mas os benefícios vão superar de longe o desconforto temporário que vem com a mudança.

Prepare seu corpo para tornar a meditação fisicamente mais fácil. Muitas das meditações sugerem que nos sentemos na tradicional postura de pernas cruzadas. Se não conseguir sentar-se de pernas cruzadas, é sempre possível sentar-se numa cadeira. Mas se quiser sentar-se da maneira tradicional, talvez seja bom preparar-se com exercícios de alongamento para aumentar sua flexibilidade. Tente a rotina de exercícios esboçada na caixa de texto da p. 24.

Alongamentos pré-meditação

1 Sente-se no chão com as pernas estendidas à sua frente. Curve-se e tente tocar os dedos dos pés. Se não puder alcançá-los, alongue-se. Sem movimentos bruscos. Alongue-se vagarosamente e solte. Repita cinco vezes.

2 Afaste suas pernas estendidas formando um "V", tanto quanto for confortável. Leve as mãos em direção aos dedos do pé esquerdo e, a seguir, em direção ao direito. Alongue gentilmente, repetindo cinco vezes de cada lado.

3 Com as solas dos pés se tocando; aproxime tanto quanto puder os pés do seu corpo. Não toque os joelhos no chão. Enquanto segura ambos os pés juntos, empurre suavemente os joelhos com os cotovelos. Repita lentamente cinco vezes.

4 Quando terminar de alongar, massageie suas pernas por inteiro para melhorar a circulação. Dedique um tempo extra aos pés e joelhos. Pratique essa curta rotina todos os dias para melhorar sua flexibilidade com o tempo.

Yoga

Uma das práticas que mais combinam com a meditação, o yoga ajuda a estirar e alongar seu corpo inteiro, facilitando muito a postura sentada em meditação. Se possível, inscreva-se em uma aula e aprenda as posturas básicas que você possa fazer em casa.

Use os exercícios de relaxamento para fazer a transição entre sua vida diária e sua sessão de meditação. Mesmo que você escolha meditar pela manhã, talvez seja necessário fazer uma transição consciente do toque do despertador à preparação do café da manhã, ao ato de se vestir e se preparar para a rotina de trabalho. Se você meditar à noite, é especialmente importante tornar mais fácil a transição do trabalho para a meditação. Isso não precisa demorar muito. Reserve apenas alguns minutos para relaxar; fazer a transição ajudará a tornar mais produtiva a sua meditação.

O cadáver

Um dos melhores exercícios de relaxamento é a postura de yoga chamada "postura do cadáver" ou *savasana*.

1 Deite-se estendido num tapete para yoga no chão. Repouse as mãos, palmas para cima levemente afastadas dos lados. Se o quarto estiver frio, cubra-se com uma manta leve.

2 De modo consciente, relaxe cada músculo do seu corpo começando pelos dedos dos pés. Quando alcançar o topo da cabeça, fique em *savasana* mais alguns minutos.

3 Quando estiver pronto, levante-se lentamente, dirija-se ao seu local de meditação e inicie a meditação.

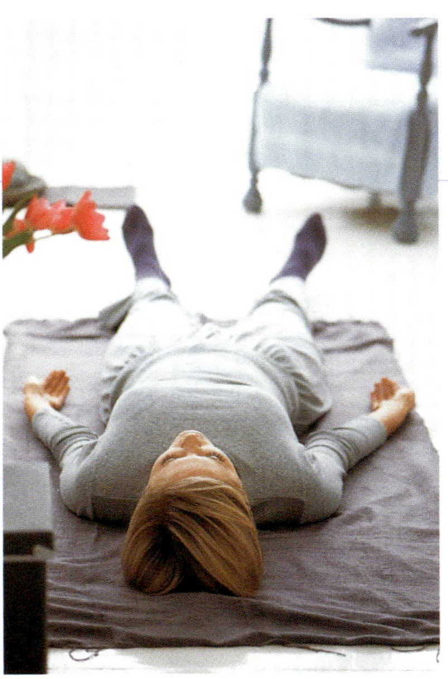

Uma ótima maneira de relaxar após o trabalho é escutar uma música calmante. Ponha um CD de música clássica ou "nova era" que você considera calmante e reconfortante. Ouça uma ou duas faixas de olhos fechados. Deixe que o stress do dia desapareça. Quando estiver pronto, vá para sua almofada de meditação e comece sua meditação.

DO QUE VOCÊ VAI PRECISAR

Embora não sejam absolutamente necessários, existem alguns acessórios que você talvez queira ter à mão para tornar suas sessões de meditação mais confortáveis e produtivas. A maioria pode ser encontrada *on-line* ou em lojas ou livrarias especializadas que contêm acessórios de meditação. Você também pode tentar encontrar em centros budistas ou de meditação em sua cidade. Eles costumam vender suplementos de meditação a seus membros e ao público em geral.

Almofada ou cadeira?

Já que geralmente se recomenda que você se sente para meditar, talvez você queira considerar comprar uma almofada feita especialmente para meditar. Elas existem em todos os formatos, tamanhos e cores, estofadas com uma variedade de materiais, incluindo esferas de isopor e casca do trigo mourisco. Algumas são até ajustáveis. É melhor experimentá-las primeiro, se for possível, para ver qual é a mais adequada para você.

Além de sua almofada de meditação, você pode querer adquirir almofadas menores de apoio para colocar sob os joelhos ou tornozelos se tiver dor nessas áreas.

Se se sentar na posição tradicional no chão ou na almofada causar problemas, você poderá se

sentar em qualquer cadeira regular de espaldar reto. Recentemente, algumas empresas produziram "cadeiras de meditação" que se situam em algum ponto entre uma cadeira normal e uma almofada. Elas são baixas, perto do chão e oferecem apoio para as costas. Você pode se sentar nelas de pernas cruzadas, se quiser.

Outro acessório popular chamado "cadeira de chão" permite que você se sente no chão mas com apoio para as costas. As empresas que fabricam suplementos para meditação criaram uma diversidade desses acessórios com apoio para as costas. Se você tiver problemas nas costas mas ainda assim quer sentar-se no estilo tradicional, talvez queira experimentar uma dessas cadeiras.

Tapetes para yoga

Se você comprar uma almofada de meditação, pode querer investir num tapete fino mais largo, muitas vezes chamado de *zabuton* que fica sob sua almofada. Este serve para elevar um pouco a almofada do chão e também para proteger seus tornozelos. Para o relaxamento e algumas posturas de meditação que requerem deitar-se no chão, você pode adquirir um tapete fino portátil de yoga disponível na maioria das escolas de yoga.

Mantas e xales

Se você planejar fazer posturas de relaxamento, pode querer uma manta leve para colocar sobre si e manter-se aquecido. Da mesma forma, se você se sentar por períodos muito longos ou logo pela manhã, quando pode estar um tanto frio, é bom ter uma manta ou xale para envolvê-lo.

Roupas soltas

Tente usar roupas soltas quando meditar. Evite usar cintos, relógios de pulso apertados ou qualquer peça de roupa que aperte ou restrinja de qualquer maneira. Calças *baggy* ou do tipo moletom são ótimas e uma camisa longa e solta ou uma túnica vão funcionar também. Algumas empresas fazem roupas especialmente para a prática de yoga e meditação e você pode encontrá-las *on-line*.

Malas

Algumas das meditações neste livro sugerem o uso de *malas* (rosários). Os *malas* são encontrados em muitas tradições espirituais e em muitas culturas pelo mundo. Eles são usados para contar o número de vezes que você recita uma oração ou mantra. Eles ajudam a conectar o seu corpo físico à sua mente enquanto você usa o mantra ou a recitação da oração como parte de sua meditação.

Os *malas* budistas são os mais fáceis de serem encontrados *on-line* ou nos centros de meditação. Eles vêm numa grande variedade de cores e materiais e a maioria tem 108 contas. Se você não quiser um modelo tradicional, é possível encontrar *malas* que são semelhantes a um bracelete, que pode adornar seu braço quando não estiver senso usado.

Sinos, *tingshas* e sinos tibetanos (tigelas cantantes)

Criar rituais ajudará você a manter a sua prática com o tempo. Iniciar e terminar a sua meditação com o som de um sino ou pequenos címbalos chamados de *tingshas* vai ajudar você a focar e obter o máximo proveito de sua sessão. As tigelas tibetanas são na verdade uma forma de sino usado pelos praticantes budistas tibetanos. Elas podem variar de tamanho, desde alguns centímetros até algo bem maior. Para ser tocado, utiliza-se um pequeno bastão que é friccionado contra as bordas, ressonando um maravilhoso som. Um sino comum funciona igualmente para iniciar e terminar suas sessões.

Cronômetros

Algumas pessoas consideram que o uso de cronômetros tira a atenção. Mas se você quiser cronometrar sua meditação, poderá usar seu relógio colocado à vista no chão à sua frente. Ou usar qualquer relógio ou um temporizador de cozinha. O uso de um cronômetro no início ajudará você a se acostumar com o tempo de uma sessão de 10 ou 20 minutos.

CONSISTÊNCIA

Para colher os benefícios da meditação, é importante desenvolver uma prática consistente, diária se possível. O ritual de se sentar no mesmo horário e no mesmo local todos os dias ajuda a tornar a meditação uma parte de sua vida, como escovar os dentes ou tomar banho todas as manhãs.

No início você pode querer testar as meditações de cada uma das oito seções dentro deste livro. Você notará que há sugestões para meditar enquanto você dirige ou faz outras tarefas diárias. Enquanto estiver no estágio de exploração, sinta-se livre para meditar em diferentes horas do dia. Mas tente meditar uma vez por dia, não obstante o momento ou local. Depois de ter explorado diferentes formas de meditação, você pode se decidir por uma ou duas que queira manter por um prazo longo. Nesse ponto, estabeleça um horário e local que seja consistente dia a dia.

As mudanças, realizações e benefícios da meditação se acumulam com o tempo. Não existe soluções rápidas ou iluminação instantânea.

Isso não quer dizer que a meditação não terá um bom resultado de imediato. Mas os benefícios mais importantes acontecem a longo prazo. Eles podem ser sutis ou tão profundos que você terá dificuldade para descrevê-los.

No início, talvez seja difícil manter uma disciplina diária. Talvez você tente algumas meditações e se distraia com outras coisas. Você pode querer meditar, mas a vida parece interferir no seu caminho. Dadas as exigências habituais de trabalho, casa e família, não haverá falta de motivos para você não meditar. É por isso que o compromisso com uma prática diária é a melhor maneira de abordar a meditação. A sua consistência sustentará você nos períodos de preguiça, ocupação ou infelicidade com a velocidade de seu progresso. Depois de um tempo, você achará a sua prática diária reconfortante e agradável, e não a perderá por nada no mundo.

ESPAÇO SAGRADO

O espaço sagrado é um local onde você pode se conectar com um mundo além de sua vida diária, comum – um local de meditação, oração e ritual. Ele pode ser um canto do seu quarto separado para a meditação, ou um local especial que você cria temporariamente. Mas mesmo que viva num minúsculo apartamento de um quarto ou esteja sempre viajando, você pode criar um espaço sagrado para a meditação.

Decida onde você gostaria que fosse seu espaço de meditação. Talvez seja necessário reorganizar o aposento escolhido para acomodar um canto de meditação. Você irá precisar de espaço suficiente para acomodar sua almofada ou cadeira e um altar, se decidir criar um.

Limpe completamente o espaço que você escolheu. Passe o aspirador e tire o pó e se puder esfregar o chão, faça-o. A limpeza não apenas cria um espaço asseado, mas também limpa a energia negativa em você mesmo, bem como em seu ambiente.

Ponha sua almofada ou cadeira no local de sua preferência. Sente-se e assegure-se de que está confortável nesse local. Há alguma corrente de ar? Crie privacidade fechando a porta do aposento, mas se isso não for possível, tente sentar-se atrás de um biombo dobrável. Veja se a iluminação está agradável, quer seja artificial ou natural. Se você tiver um tapete para yoga, almofadas pequenas adicionais, um sino, *tingshas,* um cronômetro ou malas, deixe-os numa prateleira baixa perto de você, de modo que possa alcançá-los facilmente. Se você quiser ouvir música durante a meditação, deixe um toca CDs por perto.

Criando um altar

Se você se sentir confortável com um altar, garanta que seu espaço seja grande o suficiente para acomodá-lo quando colocado em frente à sua cadeira ou almofada. Não há nenhuma "maneira correta" de criar um altar, então considere o seguinte como sugestões para você começar.

Procure uma mesa baixa, pequena. Cubra-a com um linda toalha ou lenço. Coloque itens que tenham algum significado para você em seu altar. Você pode incluir figuras ou imagens de divindades – o Buda, Tara, Cristo ou a Virgem Maria – fotos de seus professores espirituais, um texto espiritual que seja inspirador para você, ou oferendas como flores, água, incenso, velas e frutas. Talvez você queira incluir símbolos do mundo natural, como um cristal, uma bela pedra ou concha. Considere acrescentar um pequeno suporte para apoiar um dito espiritual ou provérbio que você considere inspirador naquele dia.

Garanta que os objetos que você escolher inspirem e ajudem você a liberar e criar energia, centrem você e estimulem a sua imaginação. Permita que eles o ajudem a entender a si mesmo, seu universo e sua vida espiritual.

O seu espaço sagrado pode ocupar um quarto inteiro ou pode ser temporário. Ele pode ser em miniatura e portátil. Se você viaja a trabalho ou se quiser meditar no escritório, poderá criar um espaço sagrado nesses ambientes também.

Compre uma almofada de meditação leve e inflável para guardar em sua mala ou pasta. Se quiser um altar, pode criar um pequeno, miniaturizado. Desde os tempos antigos as pessoas fazem uso de altares de viagem. Os arqueólogos os desenterraram em forma de amuletos, imagens de professores espirituais ou imagens de divindades projetadas para serem portadas ou vestidas. Crie o seu próprio altar de viagem montando um kit com uma imagem pequena e emoldurada de uma divindade ou professor, uma pequena tigela para fazer uma oferenda de água, e talvez uma vela e incensos. Certifique-se de que os objetos que você escolher sejam adequados para você. Inclua um tecido bonito para colocar sob os seus objetos sagrados. Com sua almofada inflável e seu altar de viagem, você está pronto! Caso você more num local muito pequeno, pode usá-lo em casa também.

Lembre-se, seu espaço sagrado é totalmente pessoal e, à medida que você continua a meditar, ele pode evoluir com o tempo. Ao criar esse espaço, você honra a sua intenção de viver conscientemente e proporciona espaço para seu crescimento pessoal e espiritual. Você convida o Sagrado para sua vida.

POSTURAS DE MEDITAÇÃO

Embora seja possível meditar em qualquer posição, a sua postura é importante quando você medita. Como a meditação está relacionada a domar, curar e despertar a sua mente – e como sua mente e corpo estão ligados de maneira inextricável, sua postura é de grande importância. Quando meditar, você aprenderá que seu corpo e sua respiração podem ser de grande ajuda à sua mente.

Você descobrirá que a meditação pode ser praticada em diversas posturas, que incluem sentar-se, andar, reclinar-se e fazendo outras atividades. Entretanto, a maioria das meditações recomenda sentar-se. A meditação tradicional do Buda é a postura de meditação de sete pontos.

Pode ser difícil para os iniciantes acostumar-se com a postura clássica de sete pontos, mas as recompensas após algumas sessões com joelhos que doem são tremendas; uma vez que domina a postura, você pode meditar nessa posição pelo resto da vida. A postura correta ajuda sua mente a encontrar paz, força e controle. Ela beneficia seu corpo físico equilibrando as suas energias e sistemas. Os ensinamentos budistas tradicionais sugerem que é possível meditar o dia todo numa postura clássica, o que você pode achar impossível de fazer em posições comuns.

A postura clássica de sete pontos

1 Sente-se numa almofada, com a coluna, desde a nuca até a parte inferior das costas, tão reta quanto possível. A almofada deixa suas nádegas um pouco mais altas, para forçar os joelhos para perto do chão e ajudar suas costas a ficarem retas. Sente-se um pouco na frente da almofada.

2 Cruze as pernas, com a perna direita acima da esquerda. Os dorsos de seus pés pousam no topo de suas coxas. O ideal é fazer uma linha reta com ambos os pés.

3 Mantenha os ombros no mesmo nível e relaxados. Tente não se sentar com um ombro mais elevado que o outro.

4 O queixo deve estar paralelo ao chão e levemente recolhido.

5 Seus olhos devem estar relaxados, abertos e levemente abaixados, sem olhar para nada em específico, dirigidos a um metro à sua frente.

6 Coloque a língua contra o palato. Seus lábios devem estar um pouco separados e seus dentes devem se tocar sem estarem apertados. Respire pelo nariz.

7 A posição das mãos não faz parte da postura de sete pontos, mas, tradicionalmente, suas mãos devem estar aninhadas com as palmas para cima, uma no topo da outra, quatro dedos de largura abaixo do umbigo (sem pousar nas suas pernas ou pés.) Seus cotovelos são mantidos ligeiramente fora do corpo. Mas você pode simplesmente pousar as mãos nos joelhos.

Embora os iniciantes tendam a achar mais fácil meditar com os olhos fechados, é melhor você treinar para meditar com os olhos abertos. Os olhos fechados incentivam os pensamentos, devaneios e distrações. A sua meditação, então, se tornará associada com um "outro" mundo, ou mundo interior, em vez de ser um modo mais claro e verdadeiro de ver este mundo.

O relaxamento é importante. Se você for como a maioria das pessoas, seu corpo carrega uma grande quantidade residual de tensão. Infelizmente, o esforço de se sentar na postura de meditação poderá produzir ainda mais tensão no corpo. Portanto no início seja gentil consigo mesmo. Aprenda a notar onde existe tensão ou dor e libere-a com vagar, relaxando com o tempo. Faça ajustes com micromovimentos. A parte mais importante da postura é manter a coluna reta. Se você não puder cruzar as pernas no estilo dos sete pontos, faça o melhor que puder ou sente-se numa cadeira. Então tente introduzir o restante dos pontos conforme explicado na p. 37.

Se você considerar difícil demais sentar-se ereto por causa de dor ou lesão nas costas, certamente deve usar um apoio para as costas. Se estiver doente e não puder sair da cama, pode meditar deitado. Se sentar-se for muito difícil para você no início, pois sua ansiedade excessiva literalmente não permite que você se sente quieto, então medite caminhando ou correndo, até que comece a acalmar sua mente.

Se possível, faça o que puder para que a postura sentada dê certo para você. Lembre-se de tentar os exercícios de alongamento descritos na seção Preparação (ver p. 24). Ou faça aulas de yoga para aumentar sua flexibilidade e conhecer melhor seu corpo. Tente desafiar a si mesmo, mas conheça seus limites. Se você estiver começando a meditar mais tarde na vida, não se torture pensando que tem que se sentar na postura tradicional. Um dos objetivos da meditação é nos transformar em pessoas mais gentis, então se assegure de estender essa gentileza a si mesmo.

PARTE 2

GUIA DA MEDITAÇÃO

COMO UTILIZAR ESTE GUIA

Agora você chegou ao coração deste livro – as meditações. Aqui você encontrará 153 meditações divididas em oito seções:

- Meditações para acalmar e centrar
- Meditações para viver com atenção plena
- Meditações para curar o corpo, a mente e o espírito
- Meditações para fazer você se mexer
- Meditações para gerar amor e compaixão
- Meditações para resolver seus problemas
- Meditações para manifestar seus sonhos
- Meditações para conectar-se com o divino

Sem dúvida, você pode ter suas próprias ideias de como utilizar este guia, mas seguem algumas sugestões para começar.

Qualquer que seja à sua abordagem, faça com que sua primeira meditação seja "Observando sua respiração", nas pp. 50-1. Essa é a base de muitas outras meditações no livro e a primeira meditação ensinada em muitos centros de meditação no mundo todo. O Buda ensinou essa prática há mais de 2.500 anos e ela continua tão poderosa e eficaz como naquela época. Experimente por alguns dias e, se possível, por uma semana. Sempre faça alguns minutos de meditação da respiração antes de todas as outras meditações para preparar sua mente. A seguir explore as outras meditações seguindo as sugestões da próxima página.

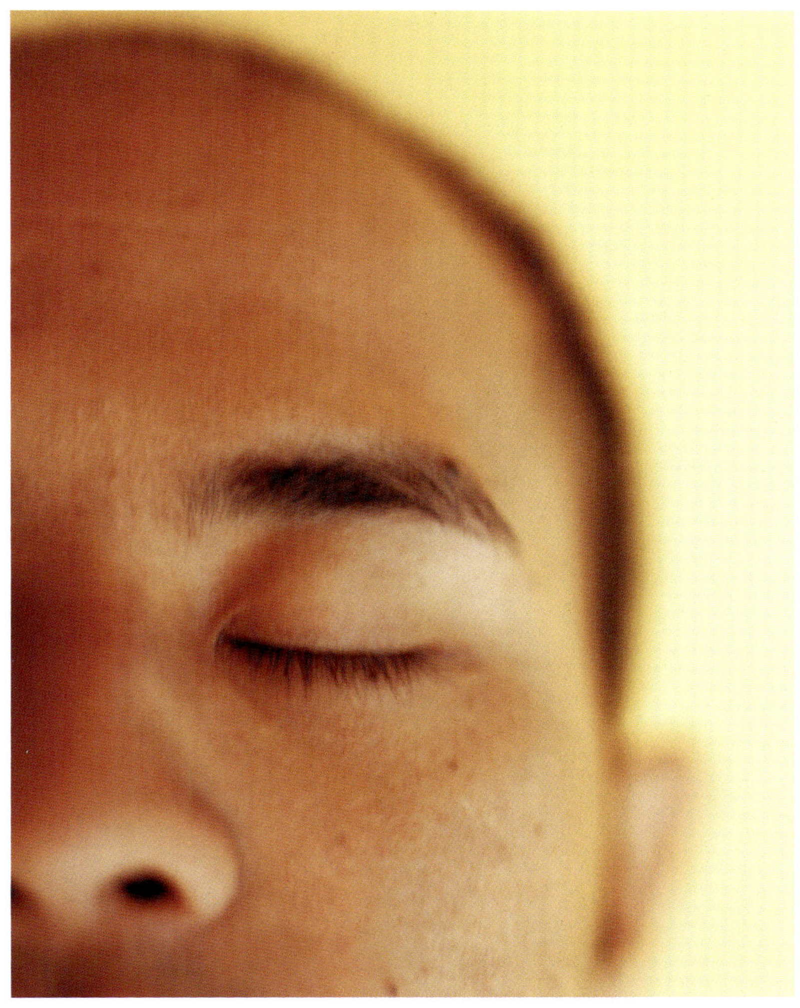

Uma maneira de utilizar o guia é ler primeiro todas as meditações e anotar aquelas que você gostaria de tentar. Desse modo, você obterá uma impressão das meditações simultaneamente e irá absorver uma grande quantidade de informações sobre a meditação, como ela é feita e como pode ajudar você. Em outras palavras, você obterá uma ampla visão do panorama da meditação, antes de "mergulhar".

Outro modo de abordar o guia é ler a introdução de cada seção listada na p. 42, depois classificá-las na ordem que interessa a você. Perceba se alguma seção é especialmente atraente ou não. Se não o interessar, pergunte-se o motivo. Se você tiver uma reação negativa às Meditações para gerar Amor e Compaixão, pergunte-se o motivo. Você tem um coração partido no qual prefere não tocar, ou um medo de ser mais aberto, amoroso e compassivo e ser magoado pelos outros como resultado?

Da mesma maneira, se você tiver uma resposta positiva a uma seção, explore o motivo de sua atração. Talvez você esteja preparado para a cura e esteja feliz por fazer as "Meditações para Curar o Corpo, a Mente e o Espírito", as primeiras de sua lista. Após ter classificado as meditações numa ordem e explorado quaisquer reações fortes, leia as meditações da seção que você marcou primeiro e marque aquelas que você gostaria de experimentar. Comece com a que mais o atrai e trabalhe depois com as outras.

Uma terceira maneira de utilizar o guia é combiná-lo com a adivinhação. Sente-se em silêncio por alguns momentos. Peça para receber a melhor meditação, nesse exato momento. Depois abra o livro ao acaso. Pratique a meditação que aparecer. A seguir, perceba se a sua escolha casual surpreendeu você e se ela foi útil para o que está acontecendo em sua vida nesse instante. Uma quarta maneira de abordar o guia é trabalhar com as meditações uma de cada vez.

Uma lista dos benefícios únicos da meditação.

O melhor momento de praticar meditação.

Orientação sobre como se preparar.

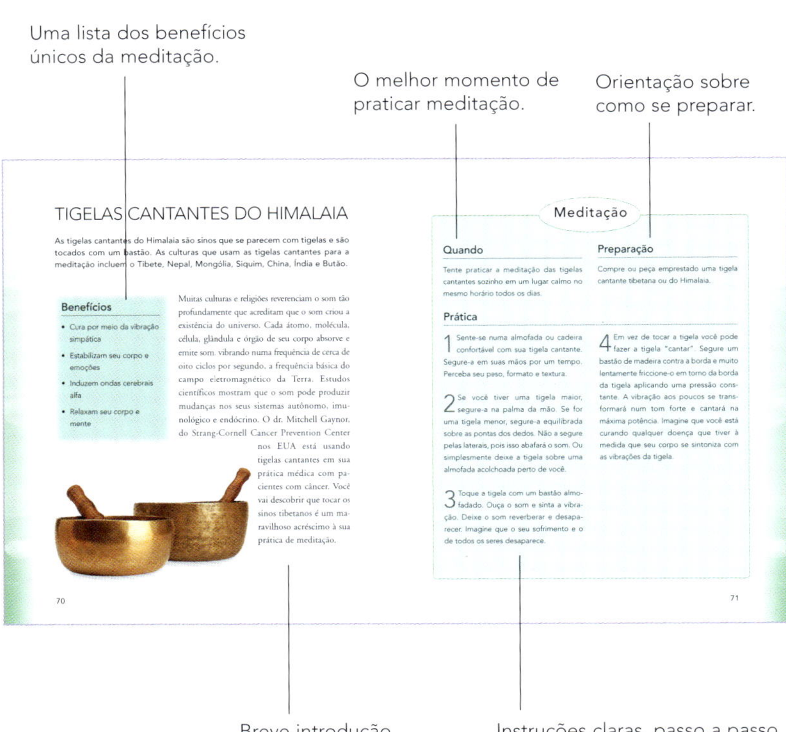

TIGELAS CANTANTES DO HIMALAIA

As tigelas cantantes do Himalaia são sinos que se parecem com tigelas e são tocados com um bastão. As culturas que usam as tigelas cantantes para a meditação incluem o Tibete, Nepal, Mongólia, Siquim, China, Índia e Butão.

Benefícios

- Cura por meio da vibração simpática
- Estabilizam seu corpo e emoções
- Induzem ondas cerebrais alfa
- Relaxam seu corpo e mente

Muitas culturas e religiões reverenciam o som tão profundamente que acreditam que o som criou a existência do universo. Cada átomo, molécula, célula, glândula e órgão de seu corpo absorve e emite som, vibrando numa frequência de cerca de oito ciclos por segundo, a frequência básica do campo eletromagnético da Terra. Estudos científicos mostram que o som pode produzir mudanças nos seus sistemas autônomo, imunológico e endócrino. O dr. Mitchell Gaynor, do Strang-Cornell Cancer Prevention Center nos EUA está usando tigelas cantantes em sua prática médica com pacientes com câncer. Você vai descobrir que tocar os sinos tibetanos é um maravilhoso acréscimo à sua prática de meditação.

70

Meditação

Quando

Tente praticar a meditação das tigelas cantantes sozinho em um lugar calmo no mesmo horário todos os dias.

Preparação

Compre ou peça emprestado uma tigela cantante tibetana ou do Himalaia.

Prática

1 Sente-se numa almofada ou cadeira confortável com sua tigela cantante. Segure-a em suas mãos por um tempo. Perceba seu peso, formato e textura.

2 Se você tiver uma tigela maior, segure-a na palma da mão. Se for uma tigela menor, segure-a equilibrada sobre as pontas dos dedos. Não a segure pelas laterais, pois isso abafará o som. Ou simplesmente deixe a tigela sobre uma almofada acolchoada perto de você.

3 Toque a tigela com um bastão almofadado. Ouça o som e sinta a vibração. Deixe o som reverberar e desaparecer. Imagine que o seu sofrimento e o de todos os seres desaparece.

4 Em vez de tocar a tigela você pode fazer a tigela "cantar". Segure um bastão de madeira contra a borda e muito lentamente friccione-o em torno da borda da tigela aplicando uma pressão constante. A vibração aos poucos se transformará num tom forte e cantará na máxima potência. Imagine que você está curando qualquer doença que tiver à medida que seu corpo se sintoniza com as vibrações da tigela.

71

Breve introdução.

Instruções claras, passo a passo de como fazer a meditação.

ACALMAR E CENTRAR

MEDITAÇÕES PARA ACALMAR E CENTRAR

A meditação ajuda você a se centrar em seu corpo e acalmar sua mente. Você já deve ter visto imagens de pessoas meditando, sentadas de pernas cruzadas em almofadas, parecendo serenas e pacíficas. Ou talvez você tenha admirado uma estátua do Buda e notado que ele parecia bastante feliz e à vontade. Você pode ter se sentido atraído para a meditação por desejar ter essa serenidade em sua vida.

As meditações dessa primeira seção ajudarão você a atingir a paz e a calma que você necessita para estar à altura de uma vida ocupada e acelerada. Estas são as que aparecem em primeiro lugar no guia porque você poderá experimentar melhor as meditações que se seguem se abordá-las com uma mente quieta e estabilizada. "Observando sua respiração" talvez seja a meditação mais importante do guia e é a base para todas as outras. Ela poderá parecer extremamente simples quando você a praticar pela primeira vez; talvez você pense que ela não poderá ser de utilidade para você. Mas conceda-lhe tempo, pelo menos uma semana, e você começará a colher os benefícios dessa meditação antiga e muito eficaz. Ela o ajudará a reduzir a ansiedade e a tagarelice mental, a reduzir sua pressão arterial e seu batimento cardíaco e a focar e se concentrar.

As outras meditações nesta seção oferecem uma rica variedade de exercícios para você atingir a serenidade e a paz que talvez deseje. Você aprenderá muito sobre sua mente com "Nuvens de pensamento", "Mente espaçosa" e "Mente distraída". A "Respiração de nove ciclos" ensinará um método muito poderoso de você se concentrar antes de cada atividade, ao passo que "Chama dançante" e "Água fluente" fazem uso de elementos naturais para aquietar e acalmar sua mente. "Onde está minha mente agora" ajudará você a obter o controle sobre seus pensamentos. "Palavras sagradas", "Canto gregoriano" e "Tigelas cantantes do Himalaia" são meditações maravilhosas se você gostar de trabalhar com a aura. Se você for amante da natureza, "Fitar as estrelas", "Mente emocional", "Mãe Terra" e "O poder da flor", todas elas acalmam e equilibram. "Saúde o seu dia" e "Pôr do sol tibetano" ajudarão você a começar e terminar o seu dia de uma maneira positiva. A "Oração de centramento" ajudará você a acessar seu poder superior. Crie paz para si mesmo e os outros com "Paz na Terra". E se você tiver uma crise especialmente difícil, a "Tempestade emocional" vai ajudar a atravessá-la.

Antes de tentar qualquer uma dessas meditações, estabeleça a sua intenção de se tornar uma pessoa mais calma e centrada. Tente trazer paz e serenidade à sua vida diária.

OBSERVANDO SUA RESPIRAÇÃO

Esta é uma das mais simples de todas as meditações; no entanto, é uma das mais poderosas e gratificantes. Fazer a meditação da consciência da respiração diariamente proporciona uma base sólida para todas as outras formas de meditação.

Benefícios

- Reduz a ansiedade
- Reduz a pressão arterial e o batimento cardíaco
- Reduz a tagarelice mental
- Promove a habilidade de focar a mente
- Ajuda você a concentrar-se em qualquer coisa que escolher

A meditação da consciência da respiração tem milhares de anos. Os antigos hindus e budistas meditavam dessa maneira para domar o pensamento descontrolado, reduzir os pensamentos e ações negativas e obter uma compreensão das verdades espirituais. Basicamente, você medita na respiração para dar à sua mente algo em que se "segurar" quando ela começa a pular de um pensamento para outro. Treinar sua mente dessa maneira ajuda você a se concentrar em uma coisa de cada vez e desenvolve seus poderes de concentração. Ela tem uma influência calmante em seu corpo e mente e é benéfica para reduzir a ansiedade, baixar o batimento cardíaco e a pressão arterial. Quer seu interesse seja no desenvolvimento espiritual ou na saúde física e mental, a meditação da consciência da respiração é uma das melhores práticas de meditação que existe.

Meditação

Quando

Medite diariamente, de manhã e à tarde, por 10 minutos. Aos poucos aumente o tempo das sessões.

Preparação

Encontre um local tranquilo em casa, onde não seja perturbado. Você precisará de uma almofada ou uma cadeira de espaldar reto. Use uma roupa solta e confortável. Mantenha uma luz suave e o local livre de correntes de ar, numa temperatura confortável.

Prática

1 Sente-se de pernas cruzadas numa almofada com os quadris levemente erguidos. Se não puder se sentar de pernas cruzadas, sente-se numa cadeira. Mantenha as costas retas, os ombros nivelados e seu queixo paralelo ao chão. Olhos baixos, olhando a um metro de distância à sua frente. Pouse as mãos com suavidade nos joelhos.

2 Respire normalmente pelo nariz, usando o abdômen, em vez de o peito. Verifique a sua postura e relaxe qualquer parte tensa do corpo.

3 Comece a contar sua respiração após cada expiração; quando chegar no número dez, comece novamente. Quando ocorrerem pensamentos, deixe que passem e retome a contagem.

4 Após cerca de 10 minutos, termine sua sessão. Tente levar foco e concentração à sua vida diária.

NUVENS DE PENSAMENTO

Os pensamentos surgem de modo inevitável quando você medita em sua respiração. O ato de rotular seus pensamentos à medida que eles emergirem, ajudará você a se concentrar novamente em sua respiração e acalmar a mente.

Benefícios

- Ajuda a acalmar a mente
- Põe os pensamentos em perspectiva
- Ajuda você a ser mais flexível e aberto

É normal dar importância aos nossos pensamentos e equipará-los à "verdade" ou "realidade". Contudo, um dia você pode pensar que uma pessoa é sua inimiga – cheia de defeitos e más intenções – e um mês depois você pode ter mudado a sua opinião e passar a considerá-la como amiga. Por meio da meditação você começará a vivenciar os pensamentos como efêmeros e mutáveis, como nuvens que passam no céu. Você aprenderá a soltar sua fixação nos pensamentos e tornar-se mais flexível e aberto. Quando os pensamentos emergirem em sua meditação, rotule-os como "pensamento" e retorne ao seu foco na respiração.

Meditação

Quando

Faça esta variação da meditação da respiração por 10 minutos pela manhã e à noite.

Preparação

Procure um local tranquilo, onde você não seja perturbado. Antes de começar a meditar, observe como a sua mente se move continuamente de um pensamento para outro quando está em seu estado habitual.

Prática

1 Sente-se de pernas cruzadas numa almofada com os quadris levemente erguidos. Se não puder sentar-se de pernas cruzadas, sente-se numa cadeira. Mantenha as costas retas, os ombros nivelados e seu queixo paralelo ao chão. Olhos baixos, olhando a um metro de distância à sua frente. Pouse as mãos suavemente nos joelhos.

2 Respire normalmente pelo nariz, levando o ar até o abdômen. Verifique a postura e relaxe qualquer tensão no corpo.

3 Comece a contar sua respiração e quando chegar no número dez comece novamente. Quando vier algum pensamento, rotule-o "pensando" e volte à sua respiração.

4 Medite assim por cerca de 10 minutos. Tente fazer esta meditação durante uma semana. Tente perceber como os pensamentos são mutáveis e efêmeros.

MENTE ESPAÇOSA

Quando os pensamentos se sucedem um ao outro constantemente, a sua mente pode começar a sentir-se claustrofóbica. Esta meditação ajudará você a limpar seu "espaço" mental e vai lhe dar as tão necessárias férias mentais.

Benefícios

- Proporciona à sua mente um descanso do excesso de pensamentos
- Ajuda você a sentir mais calma e compaixão
- Proporciona sensação de espaço mental

Nossa mente está repleta de memórias, desejos, planos e outras impressões mentais. Nosso discurso mental constante aumenta a desordem. Esta meditação ajudará você a desobstruir o tumulto mental e criar uma mente pacífica, aberta e espaçosa. Ao criar um senso de espaço mental, você perceberá que tem muito mais controle sobre o que sente e pensa do que imaginava. Você descobrirá que seus pensamentos e problemas são relegados ao segundo plano à medida que você vivencia uma realidade que é muito mais ampla e mais compassiva do que a sua mente comum. Com a prática, você poderá vivenciar esse espaço mental quando e onde quiser.

Meditação

Quando

Quando se sentir estressado e cercado de preocupações ou pensamentos constantes, utilize esta meditação.

Preparação

Antes de meditar, relaxe alongando-se na cama ou no chão. Comece pelos dedos dos pés, vá subindo pelo corpo e relaxe todos os seus músculos. Descanse e respire profundamente cinco vezes. Levante-se devagar e inicie a meditação.

Prática

1 Sente-se de pernas cruzadas numa almofada ou cadeira de espaldar reto com os pés inteiramente no chão.

2 Inicie concentrando-se na respiração, contando até dez após cada expiração. Após 5 minutos pare de contar as respirações e simplesmente foque na expiração por mais 2 minutos ou mais.

3 Tome consciência da calma e do espaço que surge no final de cada expiração. Permita-se flutuar mais e mais profundamente nessa sensação e espaço. Imagine que sua expiração flui para uma vasta área coberta de luz.

4 A cada respiração, deixe o espaço aumentar cada vez mais. Permita-se descansar e estar nesse espaço no presente. Se surgir um pensamento, volte a atenção ao senso de espaço que você criou.

5 Diga a si mesmo que está certo apenas ser. Permaneça nesse espaço calmo quanto tempo quiser. Quando se sentir pronto, respire profundamente e termine sua seção.

MENTE DISTRAÍDA

Quando meditamos na respiração, os pensamentos podem nos tirar do caminho. Mas as distrações podem se originar a partir de fora de nós, em forma de sons, luzes ou aromas. Rotulá-las pode ajudar você a retornar ao foco na respiração.

Benefícios

- Ajuda você a permanecer enfocado seja qual for a sua tarefa
- Aumenta a atenção plena
- Desenvolve a paciência e a tolerância

Se você vive numa cidade, é provável que esteja acostumado a uma enorme quantidade de estímulos sensoriais: rádio, TV, *outdoors,* carros, ônibus, máquinas e cheiros de todos os tipos constantemente bombardeando os seus sentidos. Aprender a concentrar e acalmar a sua mente com a meditação da consciência da respiração é um bom antídoto para a sobrecarga sensorial. Rotular as distrações externas quando elas surgem durante sua meditação ajudará você a desenvolver paciência e tolerância pelo que acontece à sua volta. Ao rotular a distração e retornar ao seu foco na respiração você intervém em sua irritação. Você aprende a acalmar suas emoções e a focar sua mente, não obstante o que esteja acontecendo à sua volta.

Meditação

Quando

Faça essa variação da meditação da consciência da respiração por 10 minutos, de manhã e à noite.

Preparação

Antes de começar, tome um cuidado extra para garantir que seu espaço de meditação seja tão silencioso e confortável quanto possível. Observe quaisquer possíveis distrações e elimine-as.

Prática

1 Sente-se de pernas cruzadas numa almofada com seus quadris levemente erguidos. Se não for possível, sente-se numa cadeira. Mantenha suas costas retas, os ombros nivelados e relaxados e seu queixo paralelo ao chão. Olhos semicerrados, focados um metro de distância à sua frente. Pouse suas mãos gentilmente nos joelhos.

2 Respire normalmente pelo nariz, usando seu abdômen em vez do peito. Verifique a postura e relaxe qualquer parte do corpo que esteja tensa.

3 Comece a contar sua respiração a cada expiração e quando alcançar o número dez, inicie novamente. Observe se você está distraído por algo externo, como o som da partida de um carro, os aromas da cozinha da casa vizinha ou as mudanças de luz ou temperatura no quarto. Rotule a distração e volte a atenção à sua respiração.

4 Registre quaisquer distrações que ocorrerem durante uma semana. Observe se sua reação às distrações externas difere dos pensamentos que distraem. Observe se sua irritação diminui com o tempo.

RESPIRAÇÃO DE NOVE CICLOS

Esta é uma prática de respiração e purificação do budismo tibetano, útil para equilibrar sua mente e reduzir os pensamentos negativos antes de qualquer sessão de meditação.

Benefícios

- Purifica a negatividade
- Acalma a mente
- Prepara você para a meditação

Talvez você considere difícil acalmar-se para meditar após o trabalho. Sua mente ainda pode estar repleta de pensamentos residuais do dia e preocupações sobre o dia seguinte. A respiração de nove ciclos é uma ótima prática para ajudar você a fazer a transição mental entre sua vida ocupada e sua sessão de meditação. O mínimo que vai acontecer é que ela o ajudará a acalmar-se e relaxar. Você também aprenderá a visualizar e vivenciar a prática budista da purificação. A respiração de nove ciclos é uma prática pré-meditativa maravilhosa, mas experimente praticá-la a qualquer hora e qualquer lugar para desanuviar a mente, purificar a negatividade e acalmar a alma.

Meditação

Quando

Pratique antes de qualquer sessão de meditação ou quando quiser reduzir as emoções negativas.

Preparação

Sente-se com as costas retas. Identifique quaisquer pensamentos ou emoções negativas que você gostaria de purificar.

Prática

1 Visualize seu corpo completamente vazio e transparente. Durante o primeiro ciclo de respiração, inspire pela narina esquerda, fechando a direita com o dedo indicador esquerdo. Imagine que está inspirando e enchendo seu corpo com uma luz pura e branca. Ao expirar, imagine que qualquer obsessão com sexo ou posses materiais saem pela narina direita em forma de fumaça preta. Repita três vezes.

2 Mantenha a narina esquerda fechada com o dedo indicador direito e inspire uma luz branca e pura pela narina direita. Você agora está limpando sua raiva e ódio, que saem pela narina esquerda na forma de fumaça preta. Repita três vezes.

3 Inspire uma luz branca por ambas as narinas. Expire a ignorância ou confusão mental em forma de fumaça preta. Imagine que essa fumaça deixa seu corpo pelo ponto entre as sobrancelhas, referido pelos mestres de meditação como terceiro olho ou olho da sabedoria. Repita três vezes.

4 A partir desse estado calmo, centrado e purificado, inicie sua prática de meditação.

CHAMA DANÇANTE

Uma simples chama de vela é um objeto maravilhoso no qual focar a sua mente. Ela atrai a sua atenção e seu calor, luz e beleza são eternos e tranquilizadores.

Benefícios

- Promove a habilidade de focar a sua mente
- Acalma os medos
- Proporciona uma sensação de calor e segurança

Meditação

Quando

Faça esta meditação à noite quando estiver se sentindo sobrecarregado e temeroso acerca de algum aspecto de sua vida.

Preparação

Se possível, use uma vela sem perfume de pura cera de abelha. Coloque-a na altura dos olhos, longe de materiais inflamáveis. Não descuide da vela após a meditação.

Prática

1 Sente-se numa almofada ou cadeira acerca de um metro de distância de sua vela, que deve estar na altura dos olhos. A iluminação da sala deve ser suave, mas não ausente. Tente eliminar quaisquer correntes de ar.

2 Inicie sua sessão com a respiração de nove ciclos (ver pp. 58-9).

Concentrar-se em sua respiração dá à sua mente um apoio para ajudar a acalmar pensamentos descontrolados. Você também pode se concentrar num objeto externo, como uma chama de vela, para atingir o mesmo propósito.

Assim como as mariposas são atraídas por uma chama, nós também somos. Até a invenção da eletricidade, usávamos velas para prover calor, luz e segurança durante a noite. Temos usado as velas para a devoção, os rituais e as celebrações em nossas igrejas, comunidades e os altares em nossos lares. Elas nos proporcionam um objeto agradável e fácil de meditação, bem como uma presença calmante e tranquilizadora em tempos de medo e stress.

3 Concentre-se na chama de uma vela e tente esvaziar a mente de todos os pensamentos. A cada inspiração, permita que a luz e o calor da chama liberte sua mente de todo medo, ansiedade ou insegurança. Quando pensamentos externos interferirem, volte a se concentrar na chama da vela à sua frente.

4 Medite dessa maneira por 10 a 15 minutos.

ÁGUA FLUENTE

O som da água fluente conecta você com o fluxo da natureza e faz você lembrar que a mudança é uma parte natural da vida. O som calmante bloqueia ruídos ásperos e sua própria tagarelice mental.

Benefícios

- Relaxa o corpo e a mente
- Produz íons negativos benéficos
- Reduz a tagarelice mental

O som pacífico da água fluente pode acalmar sua mente e liberar tensões do seu corpo. Mas ficar perto de água fluente também ajuda a melhorar a sua saúde física e mental. Em 1915, os cientistas descobriram que quando a água é atomizada (o que acontece como resultado do impacto das gotículas de água) ela produz íons negativos benéficos. Se estiver perto da água fluente você inalará esses íons negativos que são absorvidos pela corrente sanguínea. Os íons negativos são famosos por melhorar nosso bem-estar e nossa capacidade física e mental, acelerando a distribuição de oxigênio para nossas células. É por isso que você se sente tão reanimado e revigorado após uma tempestade de verão ou quando está perto de uma cachoeira.

Meditação

Quando

Faça esta meditação sempre que ficar confinado por longos períodos num escritório ou num local onde o ar não é fresco ou saudável.

Preparação

Se você estiver perto de água fluente, medite sentando-se sobre um cobertor e almofada perto desse local. Em casa, use uma fonte em miniatura.

Prática

1 Sente-se numa almofada, cadeira ou no chão perto de uma fonte de água corrente.

2 Respire normalmente e concentre-se no som da água por 5 minutos. Tente esvaziar a mente de todos os pensamentos. Quando estes ocorrerem, volte o foco para o som da água fluente.

3 A cada inspiração, permita que o som da água aprofunde seu relaxamento, no corpo e na mente. Observe se você se sente melhor fisicamente quando está perto de água fluente.

4 Quando se sentir pronto, termine sua meditação. Tome um grande copo de água fresca e pura. Lembre-se de tomar água suficiente todos os dias.

ONDE ESTÁ MINHA MENTE AGORA?

Sua mente é incrível. Ela pode viajar para o quarto ao lado, para uma cidade do outro lado do globo, para o passado ou o futuro num piscar de olhos. O problema é que às vezes parece que ela tem, literalmente, mente própria!

Benefícios

- Demonstra a sua mente indomada em ação
- Ajuda você a se concentrar no presente
- Promove estabilidade física e mental
- Ajuda você a ter um maior controle de seus pensamentos

Talvez você já tenha tido a experiência, enquanto navega pela Internet com um assunto em específico, de se descobrir navegando num site sem ter nenhuma ideia de como foi parar lá. De uma maneira semelhante, a sua mente pode saltar continuamente de um pensamento para outro. Talvez você esteja se concentrado num problema do trabalho e num piscar de olhos se vê pensando em algo que aconteceu em sua casa na noite anterior. Será difícil descobrir como você chegou até o pensamento presente. Este exercício de meditação ajudará você a ver como sua mente funciona, a ser mais consciente do que está pensando no momento e o ajudará a ficar ancorado no presente.

Meditação

Quando

Faça esta meditação sempre que sentir que seus pensamentos estão muito dispersos e desorganizados. Para uma experiência mais profunda, pratique todos os dias por uma semana.

Preparação

Sente-se numa almofada ou cadeira, em casa, num local tranquilo. Você pode praticar por um período menor de tempo em qualquer situação em que queira estar estável e no momento presente.

Prática

1 Faça três respirações profundas para fazer a transição entre o que você está fazendo agora e esta meditação.

2 Comece a contar suas respirações. Sempre que ocorrerem pensamentos, observe o tempo e lugar em que eles ocorrem. Por exemplo, se estiver pensando em sua infância, em sua cidade natal, observe: "no meu passado, cidade natal" e retome o foco na respiração.

3 Medite dessa maneira por 10 minutos. Quando terminar, anote todos os locais físicos de seus pensamentos e se eles ocorreram no passado ou no futuro. Mantenha um registro diário e observe por onde sua mente viaja. Entre as sessões de meditação, tente ficar consciente de seus pensamentos e permaneça focado no presente.

PALAVRAS SAGRADAS

Recitar um mantra ou palavras sânscritas sagradas pode ajudar você a focar, pacificar e transformar sua mente. A recitação de um mantra é um aspecto da espiritualidade hindu/budista, mas você pode usá-lo para o relaxamento físico e mental.

Benefícios

- Relaxa seu corpo
- Acalma sua mente
- Desenvolve a compaixão

Meditação

Quando

Pratique a recitação de um mantra quando e onde quiser.

Preparação

Se possível, use os *malas* budistas com 108 contas ou use um bracelete popular de orações. Estes são facilmente encomendados de fornecedores na Internet. Se você não tiver nenhum *mala* ou rosário, conte em seus dedos.

Um dos mantras mais famosos do budismo tibetano é "OM MANI PADME HUM". Conhecido simplesmente como MANI, ele é o mantra de Avalokiteshvara, o supremamente compassivo, a personificação budista tibetana da compaixão.

Uma maneira popular de empregar o MANI é pensar compassivamente em todos os seres do universo enquanto se repete vagarosamente o mantra, no mínimo 21 vezes e, preferivelmente, 108 vezes. Inclua os seres humanos, animais, peixes, pássaros e insetos. Lembre-se de incluir você mesmo como objeto de sua compaixão. Embora não seja necessário, a recitação de um mantra é geralmente praticada usando-se as contas de oração ou um rosário budista chamado *mala*. No Tibete, os mantras são considerados muito poderosos. Além de serem recitados, as palavras sagradas, ou mantras, são impressos em bandeiras de oração. Os mantras ou orações são carregados pelo vento e abençoam o ambiente e seus seres.

Prática

1 Sente-se de pernas cruzadas numa almofada, num espaço tranquilo e privado, onde você não incomode ninguém.

2 Respire profundamente por cerca de 1 minuto para esvaziar sua mente. Então comece a recitar o mantra OM MANI PADME HUM devagar, com uma voz baixa e calma. Quando os pensamentos ocorrerem, retome o foco no mantra.

3 Após alguns minutos, continue a dizer o mantra e comece a visualizar suas palavras atingindo todos os seres vivos e aliviando-os de seu sofrimento. Não deixe de incluir você mesmo. Faça isso por 108 recitações ou uma rodada de um rosário budista tradicional, ou *mala*.

4 Termine sua meditação ficando sentado em silêncio e concentrando-se em sua respiração por 2 minutos.

CANTO GREGORIANO

Você vai descobrir que o canto gregoriano ou cantochão, a música da igreja do início da Idade Média, é tranquilizador e calmante. O ato de ouvir esse antigo canto monofônico deixou de envolver a devoção, mas quando você o escutar, tenha em mente que esses são os sons dos mortais que acreditam estar se dirigindo ao seu Deus.

Benefícios

- Diminui a pressão arterial e os batimentos cardíacos
- Normaliza a pulsação e a respiração
- Aquieta a mente
- Eleva e renova o espírito

Nessa época ocupada e acelerada, sua mente talvez vagueie em busca de algo mais significativo e revigorante. Você pode sentir que precisa de algo mais reconfortante para seu corpo e alma. Pesquisas conduzidas na França na década de 1960 pelo dr. Alfred Tomitas concluíram que ouvir o canto gregoriano ajuda a curar o corpo e acalmar o espírito. Além de corrigir a doença espiritual, ele pode proporcionar alívio da hipertensão, enxaquecas, úlceras e ataques cardíacos. Ele descobriu que ouvir o canto reduz a velocidade do metabolismo, normaliza a pulsação e a respiração e aquieta a mente.

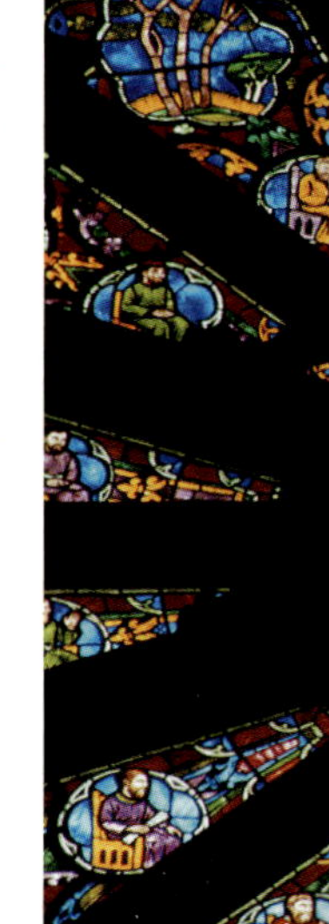

Segundo sua teoria, há dois tipos de sons: os sons de descarga – aqueles que causam fadiga e drenam o ouvinte; e os sons de carga – aqueles que dão energia e saúde. Segundo o dr. Tomitas, o canto gregoriano pode ser o som de carga mais potente para promover força e vitalidade.

Meditação

Quando

Ouça o canto gregoriano em qualquer lugar e a qualquer hora, mas em especial quando estiver estressado.

Preraração

Compre um CD de canto gregoriano numa loja de discos ou alugue numa locadora de CDs. É possível também encontrar os cantos gregorianos em vídeos baixados pela Internet.

Prática

1 Toque canto gregoriano em seu carro, num toca CDs portátil ou em seu aparelho de som ou computador.

2 Respire profundamente algumas vezes. Esvazie sua mente de pensamentos e preocupações e deixe o som do canto entrar em você. Una-se mentalmente com aqueles que estão louvando a Deus, ao Buda ou ao seu Poder Superior.

3 Ouça pelo tempo que quiser. Observe depois se você se sentiu mais calmo ou menos estressado. Se você meditar no canto gregoriano com regularidade, observe se a sua saúde e estado mental melhoram.

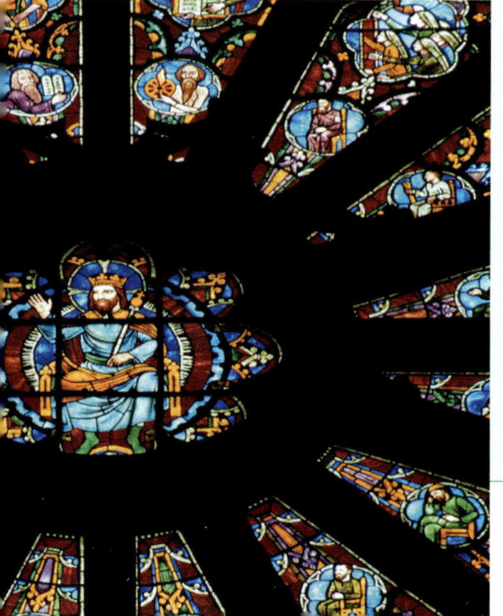

TIGELAS CANTANTES DO HIMALAIA

As tigelas cantantes do Himalaia são sinos que se parecem com tigelas e são tocados com um bastão. As culturas que usam as tigelas cantantes para a meditação incluem o Tibete, Nepal, Mongólia, Siquim, China, Índia e Butão.

Benefícios

- Cura por meio da vibração simpática
- Estabilizam seu corpo e emoções
- Induzem ondas cerebrais alfa
- Relaxam seu corpo e mente

Muitas culturas e religiões reverenciam o som tão profundamente que acreditam que o som criou a existência do universo. Cada átomo, molécula, célula, glândula e órgão de seu corpo absorve e emite som, vibrando numa frequência de cerca de oito ciclos por segundo, a frequência básica do campo eletromagnético da Terra. Estudos científicos mostram que o som pode produzir mudanças nos seus sistemas autônomo, imunológico e endócrino. O dr. Mitchell Gaynor, do Strang-Cornell Cancer Prevention Center nos EUA está usando tigelas cantantes em sua prática médica com pacientes com câncer. Você vai descobrir que tocar os sinos tibetanos é um maravilhoso acréscimo à sua prática de meditação.

Meditação

Quando

Tente praticar a meditação das tigelas cantantes sozinho em um lugar calmo no mesmo horário todos os dias.

Preparação

Compre ou peça emprestado uma tigela cantante tibetana ou do Himalaia.

Prática

1 Sente-se numa almofada ou cadeira confortável com sua tigela cantante. Segure-a em suas mãos por um tempo. Perceba seu peso, formato e textura.

2 Se você tiver uma tigela maior, segure-a na palma da mão. Se for uma tigela menor, segure-a equilibrada sobre as pontas dos dedos. Não a segure pelas laterais, pois isso abafará o som. Ou simplesmente deixe a tigela sobre uma almofada acolchoada perto de você.

3 Toque a tigela com um bastão almofadado. Ouça o som e sinta a vibração. Deixe o som reverberar e desaparecer. Imagine que o seu sofrimento e o de todos os seres desaparece.

4 Em vez de tocar a tigela você pode fazer a tigela "cantar". Segure um bastão de madeira contra a borda e muito lentamente friccione-o em torno da borda da tigela aplicando uma pressão constante. A vibração aos poucos se transformará num tom forte e cantará na máxima potência. Imagine que você está curando qualquer doença que tiver à medida que seu corpo se sintoniza com as vibrações da tigela.

FITAR AS ESTRELAS

Não existe nada mais belo e inspirador do que um céu noturno claro e estrelado. Reserve um tempo para expor-se à sua beleza e refletir sobre a vastidão do universo e sobre o seu lugar dentro dele.

Benefícios

- Proporciona maior perspectiva sobre seus problemas
- Ajuda você a vivenciar a vastidão do universo
- Relaxa o seu corpo e mente

Meditação

Quando

Escolha uma noite clara, quando o tempo estiver agradável para que você fique ao ar livre.

Prepração

Encontre um cobertor confortável ou uma *espreguiçadeira* dobrável que permita que você fique mais ou menos inclinado. Pegue uma lanterna e procure a área mais escura que encontrar, de preferência no campo, longe das luzes das ruas e da cidade. Leve um casaco, para o caso de sentir frio.

A sua vida ocupada pode manter você numa rotina monótona, correndo do trabalho para casa e de volta novamente. É importante fazer um intervalo e vivenciar a beleza impressionante do céu noturno. Olhando para cima, você, sem dúvida, se sentirá apequenado pela magnificência e tamanho do universo. Em face dessa vastidão tão inconcebível, a sua conta de gás que não foi paga não vai ter tanta importância, a sua ansiedade com o trabalho sumirá e seu corpo e mente encontrarão o alívio tão necessário da pressão da vida cotidiana.

Da próxima vez que o mundo parecer demais para você, espere pela noite e então olhe para o céu. Não há nada que o mundo possa fazer para competir com isso. Entregue-se ao momento e sinta-se uma parte do cosmos, e de todas as coisas e pessoas dentro dele.

Prática

1 Estenda o corpo sob as estrelas. Respire profundamente por alguns minutos e procure seu conforto.

2 Entregue-se ao céu noturno acima de você. Deixe que quaisquer pensamentos ou emoções que surgirem entrem em sua consciência e desapareçam suavemente. Fique o tempo que quiser.

3 Quando voltar para casa, escreva alguns parágrafos sobre a sua experiência e sobre qualquer compreensão que você teve sobre seus problemas e como lidar com eles.

MENTE EMOCIONAL

Quando meditamos na respiração, as emoções, tanto quanto os pensamentos e as distrações externas podem nos desestabilizar. Atribuir-lhes um rótulo ajuda a lançar luz nos seus padrões emocionais.

Benefícios

- Revela quais emoções dominam a sua mente
- Ajuda a tirar você das emoções negativas
- Promove a capacidade de foco e concentração em momentos de stress emocional

As emoções como alegria, tristeza, inveja, raiva, ressentimento, orgulho e depressão são precipitadas por realidades externas e também por nossos pensamentos. Não há nada de errado em ter emoções, mas os problemas acontecem se você permitir que elas dominem sua vida. Ao reconhecer e identificar as emoções à medida que elas surgem durante a meditação, você pode aprender como os seus pensamentos podem levar você rapidamente a um estado emocional agitado.

Por exemplo, enquanto medita na respiração, talvez você pense num parente e, a seguir, numa ocasião em que ele magoou você. Então você é engolfado por uma raiva pelo comportamento dele, o seu coração começa a bater mais rápido, a sua face fica ruborizada e você esquece que estava tentando meditar. Nesse caso, você está sendo refém de suas emoções. Tomar consciência de como os seus pensamentos geram suas emoções ajudará você a perceber onde você está preso emocionalmente.

Meditação

Quando

Faça esta variação da meditação da respiração por 10 minutos, de manhã e à noite.

Preparação

Não poupe cuidados para garantir o silêncio e o conforto do seu espaço de meditação. Examine qualquer emoção que venha à sua consciência enquanto estiver sentado para meditar.

Prática

1 Sente-se de pernas cruzadas numa almofada, com os quadris levemente erguidos. Se não for possível, sente-se numa cadeira, mantenha as costas retas, os ombros nivelados, relaxados e o queixo paralelo ao chão. Abaixe os olhos e foque cerca de um metro à sua frente. Pouse gentilmente as mãos nos joelhos.

2 Respire normalmente pelo nariz, levando o ar até o abdômen, em vez do peito. Verifique a postura e relaxe qualquer parte do corpo que estiver tensa.

3 Comece a contar a sua respiração a cada expiração e quando atingir o número dez, inicie novamente. Observe qual emoção surge quando um pensamento ocorre. Rotule a emoção, tal como "felicidade" ou "medo" e retome o foco em sua respiração.

4 À medida que medita, aceite qualquer emoção que surgir. Comece a perceber como as emoções podem ser tão efêmeras quanto os pensamentos.

5 Medite desse modo por uma semana. Observe se você se torna mais consciente de suas emoções na vida cotidiana. Veja se fica mais fácil aceitar suas emoções e talvez não ser tão "arrebatado" por elas.

MÃE TERRA

Passamos muito tempo no carro, dentro de casa e em ruas e calçadas pavimentadas. É sempre bom, de tempos em tempos, restabelecer uma conexão física com nossa Mãe.

Benefícios

- Restabelece a sua conexão física com a Terra
- Fundamenta os seus pensamentos e emoções
- Ao mesmo tempo estimula e relaxa seu corpo e sua mente

A Terra, literalmente a poeira e a grama sob os pés, sustenta e nutre você como uma mãe. Você sobrevive porque ela supre você de alimento e água. Restabelecer a conexão física com a Mãe Terra ajuda a fortalecer seu corpo e relaxar sua mente. Ela incentiva você a reconhecer a sua conexão com o restante do universo. Pisar descalço no "corpo" dela pode ser muito curativo em momentos de extremo stress e alienação. A deliciosa sensação do chão resiliente e da grama verde e macia espetando seus dedos estimula você da cabeça aos pés. Ao mesmo tempo, você sentirá um profundo relaxamento à medida que sua tensão se esvai.

Meditação

Quando

Faça esta meditação ao ar livre quando o tempo estiver bom, durante o dia, sempre que se sentir especialmente desconectado, só ou não amado.

Preparação

Localize uma área gramada afastada, longe do tráfego e outros ruídos.

Prática

1 Entre descalço em sua área gramada. Procure uma área nivelada onde possa ficar em pé longe de árvores com ramificações salientes. Mantenha os pés separados na largura dos ombros e deixe os braços soltos dos lados. Respire gentil e profundamente por alguns minutos.

2 Visualize uma forte energia fluindo para cima e para baixo de sua coluna, depois descendo por ambas as pernas. Permaneça com essa energia poderosa à medida que ela se move para cima e para baixo de sua coluna e pernas. Agora imagine que essa energia se alonga e se estende através dos seus pés, aprofundando-se no chão por uma longa distância dentro da Terra.

3 Agora imagine que a energia nutriente da Mãe Terra retorna através de seus pés e sobe por suas pernas e coluna. Sinta a energia que flui através de você, relaxando e rejuvenescendo seu corpo e mente.

4 Desfrute dessa troca de energia pelo tempo que quiser. Quando se sentir pronto, estenda-se na grama, com braços e pernas separados e descanse.

SAÚDE O SEU DIA

O seu ritual diário talvez envolva levantar-se com um despertador, tomar um banho apressado, vestir-se e comer e depois correr para o trabalho. Para variar, programe o seu despertador para mais cedo e comece o dia com o nascer do sol, a expressão diária da Mãe Natureza da esperança e da celebração de novos começos.

Benefícios

- Ajuda você a abrir mão do passado e começar de novo
- Incentiva a esperança
- Acalma e centra você para o dia à frente

Meditação

Quando

Faça esta meditação ao ar livre ao nascer do sol.

Preparação

Pegue sua cadeira ou almofada e talvez um cobertor para se proteger do orvalho na grama da noite anterior. Vista uma roupa quentinha.

Talvez você já tenha programado seu despertador cedo o bastante para ver o sol nascer, mas provavelmente estará ocupado aprontando-se para o trabalho. Se for assim, faça esta meditação no fim de semana. Ajuste seu despertador para um pouco antes de o sol nascer, quando o céu noturno está começando a clarear e os pássaros começam a cantar.

A maioria dos monges e monjas contemplativos, católicos e budistas, começa seu dia em torno das 3 ou 4 horas da manhã. Eles saúdam a primeira luz com oração e meditação. Os nativos americanos da tribo Lakota saúdam o sol nascente como a manifestação de *Wakan Tanka,* o equivalente a Deus na tradição judeu-cristã. Saudar o amanhecer é uma maneira maravilhosa de começar seu dia – em sincronia com os ritmos da natureza e em contato com o seu espírito.

Prática

1 Procure um local na face leste e sente-se antes de o sol nascer. Respire profundamente algumas vezes e se acomode numa posição confortável.

2 Leve sua atenção ao som dos pássaros e animais se mexendo, à Terra abaixo de você e o céu acima. Sinta sua própria energia e conscientize-se que você é o local de encontro onde a Terra encontra o céu.

3 À medida que o céu se ilumina e a noite dá lugar ao dia, liberte qualquer sensação de arrependimento ou fracasso. Saúde a manhã com ternura e sinta ternura em relação a si mesmo e às outras pessoas. Reconheça que houve perda e celebre um novo começo.

4 Sente-se em contemplação silenciosa até sentir-se pronto para começar o dia.

PÔR DO SOL TIBETANO

Use esta meditação quando estiver deprimido e desanimado com sua vida. Permita que um lindo pôr do sol eleve você da estagnação.

Benefícios

- Ajuda com a depressão
- Faz a dor e o desapontamento irem embora facilmente
- Acalma a agitação e a preocupação

Meditação

Quando

Pratique esta meditação no final do dia, sempre que se sentir sobrecarregado e deprimido.

Preparação

Procure um bom lugar para assistir ao pôr do sol num dia claro.

Prática

1 Fique em pé olhando para o oeste na direção do pôr do sol. Sinta plenamente sua depressão e preocupações. Contemple o fato de que tudo é impermanente, até mesmo os terríveis erros que você pode ter cometido ou sua depressão contínua que parece não ter cura.

2 À medida que o sol começar a descer no horizonte, fique na ponta de seus pés. Enquanto ele vai afundando mais, visualize que todas as suas preocupações, problemas, fracassos e erros afundam junto com ele. Fique na ponta dos pés até o sol desaparecer completamente.

Às vezes você simplesmente tem um dia ruim, um dia péssimo. Talvez você tenha até uma série deles e se sinta sobrecarregado e deprimido por seus fracassos e erros percebidos. Eleve a si mesmo, literalmente, com esta meditação singular que é praticada no antigo Tibete. Os budistas usam esta meditação para ajudá-los a soltar as negatividades do dia e contemplar a verdade de que todas as coisas são impermanentes, tanto as positivas como as negativas. Esta meditação eleva seu estado de ânimo, porque você literalmente fica na ponta dos pés.

3 Abaixe os pés e volte à posição normal. Imagine que todos os seus problemas desapareceram com o pôr do sol. Agora foque no presente e no futuro. Visualize a si mesmo passando uma esponja no passado e recomeçando, com energia renovada e consideração positiva por si mesmo e pelos outros.

O PODER DA FLOR

As flores têm uma beleza primorosa e são uma fonte potente de inspiração. Usar a flor como tema de sua meditação eleva a sua disposição e conforta a sua alma.

Benefícios

- Proporciona uma influência calmante em tempos de stress
- Inspira a apreciação da beleza da natureza
- Promove a cura quando se está doente
- Traz consolo em tempos de tristeza

Uma única rosa, uma íris, um lírio – cada qual traz à mente uma beleza fantástica, quase chocante. Elas focam nossa atenção e, ao mesmo tempo, energizam e acalmam nosso corpo e mente estressados. Além de terem uma beleza irresistível, são ricos de significado e simbolismo. Para os cristãos, o narciso silvestre simboliza a ressurreição de Cristo e as violetas, a Virgem Maria. O profeta Maomé via as violetas como símbolos de seus ensinamentos. Elas também estão conectadas com Perséfone e a vida futura – ela estava passeando num campo de violetas quando Hades a raptou.

Meditação

Quando

Contemple as flores quando estiver lutando com uma doença ou com a perda de um ser amado.

Preparação

Colha uma flor do seu jardim ou compre-a numa loja. Coloque a sua única flor num vaso numa mesa à sua frente, logo abaixo do nível dos olhos.

Prática

1 Sente-se numa cadeira ou almofada. Respire profundamente algumas vezes e ponha de lado as preocupações e distrações. Preste atenção na flor à sua frente. Esvazie sua mente de todos os pensamentos e respire normalmente.

2 Perceba a beleza rara da flor. Inspire seu aroma. Visualize o perfume preenchendo o seu corpo e curando qualquer doença ou problema de saúde que você tenha. Se você está sofrendo por um ser amado, deixe suas lágrimas fluírem e permita que a essência de sua flor console seu coração partido.

3 Termine sua meditação quando tiver acalmado suas emoções e sua respiração estiver profunda e normal.

Claramente, as flores tiveram uma influência poderosa sobre os seres humanos e por bons motivos. A sua beleza frágil cativa a nossa imaginação e sua própria presença eleva e cura. Se você nunca prestou muita atenção às flores, comece a conhecê-las como objetos de meditação.

ORAÇÃO DE CENTRAMENTO

A maioria das tradições religiosas pratica alguma forma de oração de centramento. Esta meditação da oração de centramento é baseada na tradição cristã.

Benefícios

- Conecta você com o sagrado
- Centra você em sua prática espiritual
- Neutraliza o foco da sociedade no materialismo
- Equilibra as emoções

Meditação

Quando

Faça esta meditação sempre que se sentir desconectado de sua vida espiritual.

Preparação

Vá a uma livraria ou biblioteca e explore os livros sobre espiritualidade que despertam o seu interesse.

Essa oração é extraída de antigas práticas de oração da tradição contemplativa cristã, notavelmente *A Nuvem do Não Saber*, escrito pelo monge do século XIV São João da Cruz e Santa Teresa de Ávila. Ela foi instilada nesse simples método de oração na década de 1970 por três monges trapistas, William Meninger, Basil Pennington e Thomas Keating.

A oração de centramento é baseada na meditação numa única palavra que você considera sagrada. A intenção é de convidar Deus ou o Sagrado para entrar em seu coração e sua vida, para proporcionar equilíbrio e orientação num mundo muito secular.

Prática

1 Comece com um texto espiritual que inspire você. Permita que uma palavra emerja de sua leitura que ressoe dentro de você; por exemplo, Deus, Buda, Jesus, amor ou paz. Essa palavra sagrada expressa a sua intenção de que Deus ou o sagrado entre em seu coração e esteja presente em sua vida.

2 Sente-se confortavelmente com o olhos fechados e apresente sua palavra internamente. Quando tomar consciência de pensamentos ou distrações, leve a si mesmo de volta para a sua palavra sagrada. Medite desse modo por 20 minutos.

3 No final de sua oração, permaneça em silêncio com os olhos fechados por mais alguns minutos. Perceba os efeitos da oração de centramento em sua vida diária.

PAZ NA TERRA

Discórdia e conflitos dominam as manchetes mundiais. Pratique esta meditação se você se sentir sobrecarregado e triste pelo atual estado de coisas no mundo.

Benefícios

- Diminui o medo e a ansiedade
- Promove a paz pessoal e mundial
- Confere poder quando se sentir impotente

A televisão e a Internet abastecem você de notícias instantâneas, 24 horas por dia. Geralmente essas notícias se referem à violência, guerra e conflitos de todos os tipos. É fácil nos sentirmos sobrecarregados, desamparados e impotentes, ou esconder nossos sentimentos apenas para vê-los se manifestar em noites insones ou outros problemas relacionados com o stress. Experimente esta meditação quando perceber que os conflitos estão causando stress a você, seja em sua vida pessoal ou em nível mundial.

Meditação

Quando

Faça esta meditação quando estiver se sentindo temeroso, sobrecarregado e desamparado com o estado do mundo.

Preparação

Leia o jornal ou ouça as notícias por alguns dias. Identifique qualquer medo ou ansiedade que surgir como efeito do que você leu ou ouviu.

Prática

1 Procure um local tranquilo em casa ou ao ar livre. Sente-se de modo confortável. Respire por alguns minutos profundamente.

2 Pense sobre um conflito específico que esteja afetando você. Tente não tomar partido, favorecendo um dos grupos beligerantes em detrimento do outro. Reconheça que tanto o agressor como os transgressores estão sofrendo.

3 Crie o desejo de que todos os seres envolvidos curem a sua raiva e dor. Inclua você mesmo nesse desejo. Visualize um ser sagrado, Deus, Buda, Krishna, a Virgem Maria ou o seu poder superior. Imagine uma luz branca refrescante e curativa emanando desse ser na sua direção, preenchendo seu corpo e acalmando toda raiva ou medo que você sentir.

4 A partir do seu coração, envie luz para aqueles que estão em guerra. Visualize que eles terminaram seu conflito e que estão começando a viver em paz. Termine sua sessão de meditação quando se sentir pronto.

TEMPESTADE EMOCIONAL

De vez em quando, você pode se ver num clima emocional tempestuoso. Talvez sinta até que foi sequestrado por sua raiva ou inveja. Utilize esta meditação para acalmar a tempestade.

Benefícios

- Acalma a raiva e outras emoções negativas
- Cura e transforma emoções negativas
- Promove a compaixão por si mesmo e em relação aos outros

Se você estiver se sentindo consumido pela raiva ou ódio por um membro da família ou uma situação no trabalho, a meditação é um grande modo de se acalmar e obter alguma perspectiva sobre a situação e suas emoções. É provável que, caso você esteja sentindo raiva, por trás dela você possa estar se sentindo magoado, defensivo ou confuso. O antídoto para a sua raiva é a paciência e a compaixão em relação a si mesmo e à pessoa de quem sente raiva. O ato de invocar um ser superior que seja a corporificação da compaixão esfriará o fogo quente de suas emoções e dará a você um pouco de espaço para avaliar a situação de uma maneira mais equilibrada e afetiva.

Meditação

Quando

Faça esta meditação quando estiver lutando contra a raiva ou inveja.

Preparação

Encontre um local tranquilo, longe da pessoa ou situação que provocou a sua raiva, onde você não seja interrompido pelo menos por 15 minutos.

Prática

1 Sente-se confortavelmente com a coluna reta. Se estiver se sentindo muito mal para sentar-se, deite-se de costas. Acalme-se respirando profundamente algumas vezes, depois passe a respirar naturalmente.

2 Agora foque a atenção nas emoções que estiver sentindo. Tente não analisá-las. Concentre-se apenas em senti-las.

3 Imagine a face do ser mais amoroso, afetivo, compassivo que você conseguir. Pode ser Deus, Buda, a Virgem Maria, um professor especial ou qualquer outro ser. Você pode considerá-lo como uma manifestação do Espírito ou apenas como um ser amoroso e compassivo.

4 Passe alguns minutos na presença desse ser. Fale com ele em voz alta ou em silêncio sobre sua raiva, ódio e inveja.

5 Ofereça suas emoções negativas para que sejam transformadas e curadas por esse ser. Sente-se em silêncio por alguns minutos e termine sua meditação.

VIVENDO COM ATENÇÃO PLENA

MEDITAÇÕES PARA VIVER COM ATENÇÃO PLENA

Agora que você acalmou e estabilizou a sua mente, está pronto para explorar as meditações que podem ajudá-lo a se tornar mais atento e consciente. Ao praticar a meditação da atenção plena, você aprende a focar a sua atenção e expandir a sua consciência.

Você pode praticar a atenção plena em qualquer lugar ou horário, mas ao sentar-se para praticar você aumenta sua aptidão de levar a atenção plena à sua vida diária. No trabalho você será mais capaz de permanecer presente nas reuniões, completar projetos e eliminar as distrações. Seus relacionamentos vão melhorar quando você conseguir estar completamente presente para o ser amado.

Viver com atenção no momento presente enriquece notavelmente a sua experiência de vida. Você começará a apreciar o poder e a beleza à sua volta – desde a tonalidade extraordinária de uma rosa vermelha, ao rosto sensível de uma mulher idosa no trem. Seu mundo vai expandir-se e aprofundar-se.

A atenção plena não se dirige apenas ao exterior. Por meio das meditações focadas, você irá explorar sua vasta paisagem interior e expandir a compreensão de sua mente, corpo e emoções. Você começará a ver seus hábitos e padrões mentais e emocionais e decidir se eles ajudam você ou não.

A primeira meditação, o "Copo meio cheio", vai ajudar você a apreciar o que costuma pressupor como óbvio, ao passo que a "Mente de macaco" e "No que você está pensando?" irá ajudá-lo a ficar consciente de seus pensamentos. "Você tem um corpo" restabelece sua conexão com seu corpo e "Qual é a minha atitude?" ajuda você a tomar consciência das três atitudes básicas que você tem em relação a qualquer coisa e qualquer pessoa. Se quiser desenvolver uma consciência sem vieses ou julgamentos, experimente "Folha de outono". Tente "Escuta consciente" para aprender como escutar com atenção plena. "Uma meditação saborosa" e "Fruta madura" ensinam consciência sensual. Se você quiser vivenciar as sensações do corpo sutil, experimente "Numa batida do coração."

"Atenção plena emocional" não precisa de explicações, ao passo que "Lave a Louça" e "Compras" irão mudar para sempre sua experiência dessas atividades. Se você estiver se sentindo confuso sobre como gastar dinheiro, o "Consumo compassivo" ajudará nas compras conscientes. "Apenas agora" torna esse ponto perfeitamente claro. Desista do stress das multitarefas com "Uma coisa de cada vez". "Olho no olho" ensina a atenção plena com um parceiro, ao passo que "Monitor de mídia" e " Cadete do espaço" são para o escapista em você. Por fim, e talvez o mais importante, "A vida é curta" dará a você a motivação para se conscientizar de cada minuto precioso.

COPO MEIO CHEIO

É fácil não dar valor ao que você tem e sentir uma insatisfação crônica. Concentrar-se nas bênçãos que você tem pode transformar sua mente e sua vida.

Benefícios

- Proporciona o antídoto à insatisfação crônica
- Aumenta a consciência de suas bênçãos
- Ajuda você a permanecer no momento presente

É muito fácil ser apanhado por uma sensação crônica de falta, incentivado por uma cultura que diz que você nunca tem o suficiente e nunca é bom o bastante. Você pode estar obcecado por aquele carro novo, um relacionamento melhor, novas toalhas ou um lugar diferente para viver como se fosse a solução para torná-lo uma pessoa mais feliz. Mas você pode ter percebido que enxergar a metade vazia de seu copo o tempo todo provoca uma vida muito infeliz. Olhar sempre para o futuro significa que você não está realmente presente na vida que tem neste momento. Ao meditar diariamente na gratidão você reduzirá sua insatisfação e aumentará seu contentamento com a vida que tem. A felicidade, como você vai descobrir é, em última análise, um estado de espírito.

Meditação

Quando

Se estiver preocupado querendo coisas que você não tem.

Preparação

Escreva tudo o que você deseja e que não tem. Depois escreva dez coisas pelas quais você sente gratidão.

Prática

1 Encontre um tempo para ficar sozinho num local onde você não seja perturbado. Sente-se de qualquer modo que o faça sentir-se confortável. Depois de fazer exercício preliminar acima, leia as dez coisas que você listou.

2 Crie um sentimento sincero de gratidão por cada item de sua lista. Se você sentir gratidão pela sua saúde, sinta-se grato por sua boa sorte. Se você tiver um carro, seja qual for a sua condição, sinta uma sincera gratidão por possuir um meio de transporte. Se você tem um companheiro, pense nas qualidades maravilhosas que ele tem e sinta gratidão por ele fazer parte de sua vida.

3 Depois de ter percorrido toda a sua lista, sente-se em silêncio e agradeça a si mesmo, a Deus, ao universo, ou a quem ou o que você escolher, pelas dádivas que você recebeu. Determine-se diariamente, a estar atento e grato pelas bênçãos que você tem.

MENTE DE MACACO

Enquanto você está desperto, está pensando constantemente. Sua mente pode saltar de um pensamento para outro como um macaco saltando de galho em galho. Esta meditação ajuda você a ficar mais consciente dos seus pensamentos.

Benefícios

- Ensina você a estar consciente de seus pensamentos
- Revela a natureza geralmente errática de seu processo de pensamento
- Ajuda você a focar e concentrar-se

Talvez você conheça a experiência de dirigir o carro para fazer compras ou ir trabalhar e então ficar perdido em pensamentos, "despertando" quando entra no estacionamento. Durante o percurso, você teve centenas de pensamentos, imagens e impressões cruzaram a sua mente. Alguns desses pensamentos estimularam emoções que, por sua vez, levaram a outros pensamentos. É como se o carro estivesse no piloto automático e dirigisse a si mesmo.

Esta meditação é destinada a ajudar você a observar sua mente e sua tendência de pular constantemente de um pensamento para outro. Ela o ajudará a estar mais consciente do que você está pensando que, por sua vez, ajudará a levar seu foco e concentração a qualquer assunto ou tarefa que você escolher.

Meditação

Quando

Esta meditação ajuda quando você está cronicamente distraído, sentindo-se disperso em seus pensamentos ou tendo dificuldade em concentrar-se.

Preparação

Antes de praticar esta meditação, tente observar sua mente por alguns dias ao dirigir o carro ou andar de transporte público. Comece a observar como um pensamento pula para outro. Tenha à mão uma caneta, um papel e um relógio. Esta meditação pode ser praticada em qualquer lugar, a qualquer momento. Se quiser sentar-se formalmente na postura de meditação, pode fazer isso.

Prática

1 Respire profundamente algumas vezes, para sinalizar que você se concentrará nesta meditação. Imediatamente comece a observar seus pensamentos. Perceba a rapidez e continuidade com que sua mente salta de uma ideia, impressão e pensamento para outro.

2 Volte alguns minutos no tempo e tente lembrar o que você estava pensando. Investigue como você chegou ao que está pensando agora.

3 Olhe para um relógio por 60 segundos. Faça marcas com uma caneta cada vez que seus pensamentos mudarem.

4 Traga essa nova consciência de "mente de macaco" para sua vida diária. Tente ser mais atento em relação ao que você pensa, em vez de se perder nos pensamentos.

NO QUE VOCÊ ESTÁ PENSANDO?

Observar o conteúdo de seus pensamentos quando você medita em sua respiração vai ajudar você a descobrir os seus padrões de pensamento e ficar mais consciente de seus processos de pensamento.

Benefícios

- Ajuda você a ficar consciente de seus padrões de pensamento
- Proporciona *insight* sobre preocupações e inquietações
- Ajuda a identificar e mudar padrões negativos de pensamentos

Você pode aprender muito sobre si mesmo ao estar atento aos seus pensamentos à medida que eles surgem durante a meditação da respiração. Será possível identificar onde você talvez esteja "empacado" emocional e intelectualmente. Com o tempo, você perceberá certos "sulcos" em seus padrões de pensamentos, assim como preocupações se seu parceiro realmente ama você ou não, ou raiva da atitude de seu chefe em relação a você. Ao rotular o conteúdo de pensamentos recorrentes, você obterá maior perspectiva sobre o seu processo de pensar. Como consequência, será capaz de mudar padrões negativos ou não saudáveis, tal como de crítica ou de temor.

Meditação

Quando

Faça esta variante da meditação da respiração por 10 minutos, de manhã e à noite.

Preparação

Procure um local tranquilo em casa onde você não seja interrompido. Antes de começar, pergunte a si mesmo se existe algum padrão recorrente em seus pensamentos. Você se preocupa com dinheiro ou tem fantasias frequentes com um parceiro sexual ideal? Você passa seu tempo tentando resolver como se vingar de mágoas passadas?

Prática

1 Sente-se de pernas cruzadas numa almofada com as nádegas um pouco elevadas. Se não conseguir sentar-se de pernas cruzadas, sente-se numa cadeira. Mantenha as costas retas, seus ombros nivelados e relaxados e seu queixo paralelo ao chão. Abaixe os olhos e foque em cerca de um metro à sua frente. Repouse as mãos suavemente nos joelhos.

2 Respire normalmente pelo nariz, usando o abdômen em vez do peito. Verifique a sua postura e relaxe qualquer parte tensa de seu corpo.

3 Comece a contar sua respiração e quando atingir o número dez, inicie novamente. Quando pensamentos ocorrerem, perceba o conteúdo. Por exemplo, se você pensou sobre problemas de dinheiro, anote silenciosamente "preocupação com dinheiro" e retorne à contagem de sua respiração.

4 Medite por cerca de 10 minutos. No final de sua sessão, escreva os pensamentos que emergiram. Faça isso por uma semana e perceba quaisquer padrões recorrentes. Observe se seu pensamento sobre alguma coisa ou alguém muda.

VOCÊ TEM UM CORPO

A meditação da consciência corporal permite que você se torne mais consciente do seu corpo. Caso você esteja desconectado mentalmente de seu corpo, esta meditação o ajudará a restabelecer a conexão.

Benefícios

- Ajuda você a se tornar mais consciente do seu corpo
- Promove o equilíbrio do corpo e da mente
- Revela a conexão entre os sintomas físicos e psicológicos

Será que você é uma dessas pessoas que é consciente apenas do pescoço para cima? Você não percebe como seu corpo se sente na maior parte do tempo? Restabelecer a conexão com seu corpo tornando-se consciente das sensações corporais, tal como a tensão muscular, a sensação da roupa tocando a pele ou um pescoço duro, ajudará você a compreender melhor suas emoções e criar as condições para uma saúde física aumentada. Você pode não ter percebido que cerra o maxilar quando está com raiva, ou que mal respira quando está com medo. Talvez você ande curvado a maior parte do tempo e nem perceba. Com o tempo, tornar-se consciente das sensações do corpo o ajudará a permanecer mais saudável, mental e fisicamente.

Meditação

Quando

Faça esta meditação sempre que se sentir desconectado de seu corpo.

Preparação

Antes de meditar, alongue-se em sua cama ou no chão. Examine o corpo todo, dos dedos dos pés ao topo da cabeça e perceba quaisquer sensações físicas ou áreas de tensão.

Prática

1 Sente-se numa almofada ou cadeira, mantendo as costas retas, contudo relaxadas. Acalme a sua mente observando sua respiração.

2 Mude o foco na respiração para outra parte de seu corpo. Escolha um ponto fácil de localizar, como seu pescoço ou joelho. Foque toda sua atenção nesse ponto. Tente se fundir com qualquer sensação que tiver. Observe a sensação sem julgá-la agradável ou desagradável.

3 A sensação é uma tensão, uma queimação ou um formigamento? É uma combinação de muitas sensações? Elas mudam com o tempo? Mantenha a atenção no local. Se pensamentos interferirem, retorne o foco ao local.

4 Se quiser, passe para outra parte do corpo e repita o mesmo exercício. Quando estiver pronto, finalize sua meditação. Tente levar essa atenção consciente de seu corpo para sua vida diária.

QUAL É A MINHA ATITUDE?

A sua atitude em relação a qualquer pessoa ou coisa que você encontra geralmente é de atração, aversão ou indiferença. Usar a meditação para se tornar consciente de suas atitudes leva você a um maior equilíbrio mental e estabilidade.

Benefícios

- Promove a paz e a equanimidade
- Ajuda você a lidar com os altos e baixos da vida
- Faz lembrar que tudo muda com o tempo

Nosso hábito de classificar todas as coisas em três categorias baseadas em julgamento é, em última análise, exaustivo e doloroso. O ato de nos apegarmos às nossas atitudes não corresponde à verdade de que todas as coisas mudam. Cultivar um sentimento de abertura e aceitação nos ajudará a passar pelas dificuldades da vida com graça e flexibilidade.

Meditação

Quando

Faça esta meditação quando estiver se sentindo especialmente crítico ou autocentrado em suas relações com os outros.

Preparação

Alguns dias antes desta meditação, comece a observar o modo como você organiza as experiências e pessoas que você encontra numa das três categorias: simpatia, aversão ou neutralidade.

Prática

1 Procure um local silencioso em casa onde você possa ficar sozinho. Sente-se numa almofada ou cadeira de espaldar reto. Escolha um objeto, uma situação ou uma pessoa na qual você vai se concentrar nesta sessão de meditação. Reserve um tempo para criar mentalmente uma imagem vívida e detalhada de seu objeto escolhido.

2 À medida que você medita, permita que seus sentimentos surjam e observe com cuidado a sua atitude. Não suprima uma atitude negativa nem a altere para aquilo que você acha que deveria sentir. Aceite sem crítica qualquer atitude que surgir.

3 Faça a si mesmo uma série de perguntas para explorar a sua atitude mais detidamente. Você sempre se sentiu dessa maneira em relação a esse objeto ou pessoa? O que levou você a se sentir assim? O que poderia fazer sua atitude mudar? Perceba quaisquer sensações corporais que surgirem.

4 À medida que você aprofunda a compreensão acerca de sua atitude, lembre-se que o que você sente é apenas o que você sente hoje. Tente cultivar uma atitude de equanimidade; ou seja, não fazer nenhum tipo de julgamento. Lembre-se de que as atitudes, como todas as coisas, mudam com o tempo.

FOLHA DE OUTONO

O ato de perceber sem vieses ou julgamentos é uma tarefa difícil para qualquer pessoa. Infelizmente, os rótulos e julgamentos impedem que você experimente a vida diretamente. Esta simples meditação consciente ajudará você a vivenciar a natureza com mais profundidade e alegria.

Benefícios

- Aprofunda a experiência da natureza
- Aumenta a experiência sensual
- Promove o relaxamento e o sentimento de conexão com toda a vida

No século XXI, a nossa experiência da natureza pode vir basicamente da televisão e dos livros e não da experiência direta ao ar livre. Essas interpretações da natureza convidam a categorizar e julgar: o mais belo local de férias, a flor mais rara ou os tomates premiados. Em vez de intelectualizar a natureza, retorne a ela em pessoa sempre que tiver uma oportunidade de vivenciá-la diretamente.

Meditação

Quando

Faça esta meditação quando se sentir apartado da natureza e distanciado de sua experiência direta de vida.

Preparação

Escolha um parque ou mata em que você possa caminhar, de preferência no outono quando todas as folhas estão mudando de cor.

Prática

1 Caminhe por alguns minutos no parque ou mata enquanto se concentra na sua respiração. Tente esvaziar sua mente de todos os pensamentos.

2 Pare de caminhar, pegue uma folha caída e segure-a em sua mão. Observe se você está julgando a folha de algum modo, por sua cor, tamanho ou aspecto ou se a está comparando com outra folha que você não pegou. Tente dissipar qualquer pensamento ou julgamento sobre a folha.

3 Comece simplesmente percebendo a folha visualmente, como se você fosse um marciano e nunca tivesse visto uma antes. Observe sua forma primorosa, cor, e as veias delicadas e minúsculas que se espalham a partir do centro. Se ela tiver falhas por causa de insetos ou decadência, veja-as como igualmente belas e perfeitas.

4 Passe algum tempo com a folha dessa maneira. Tente levar essa forma de vivenciar a folha para o resto de sua vida. Observe se você se sente mais relaxado, mais satisfeito e mais consciente de toda a beleza à sua volta.

ESCUTA CONSCIENTE

Como se diz em Nova York, ou as pessoas falam ou elas esperam para falar. É para parecer engraçado, mas contém muita verdade. Esta meditação ajuda você a ouvir os outros com sua plena atenção.

Benefícios

- Ensina você a escutar com atenção plena
- Promove a empatia
- Reduz o autocentramento

Meditação

Quando

Faça esta meditação quando sua comunicação com os outros não está indo muito bem.

Preparação

Escolha uma pessoa com quem você gostaria de se comunicar melhor. Antes de se encontrar com ela, visualize-a com o olho de sua mente. Contemple o fato de que ela é como você – ela quer ser feliz e evitar o sofrimento.

Prática

1 Quando você se encontrar com a pessoa escolhida, assegure-se de que só você e a pessoa estão tendo uma conversa. Faça uma pergunta a ela.

2 Quando ela responder, faça um esforço para não antecipar o que será dito ou começar a pensar na sua resposta. Tente escutar profundamente o que a pessoa está dizendo – com

Nem todas as meditações têm que ocorrer enquanto estamos sentados na almofada distante das outras pessoas. Você pode aprender a meditar ou dirigir sua atenção em qualquer situação: no escritório, com os membros da família ou até mesmo com o caixa do banco.

sua voz, emoções e linguagem corporal. Faça um esforço para não julgar ou projetar a si mesmo ou suas ideias no que ela estiver comunicando.

3 Observe como você consegue ouvir muito mais quando dá à outra pessoa esse tipo de atenção focada e solidária. Veja se isso melhora a qualidade de seus relacionamentos.

UMA MEDITAÇÃO SABOROSA

Além da alimentação rápida servida pelos *fast-foods*, também comemos muito depressa! Tente se alimentar com mais vagar, para vivenciar com atenção e saborear sua refeição.

Benefícios

- Para ingerir as refeições de maneira atenta e consciente
- Ajuda você a mudar para os alimentos saudáveis
- Aumenta a sensibilidade ao gosto

Ingerir os alimentos de maneira consciente aumenta o prazer de comer. Você não apenas sentirá mais o gosto, mas, ao comer conscientemente, será mais provável que você escolha alimentos mais saudáveis.

Meditação

Quando

Você pode fazer esta meditação em casa, em qualquer refeição.

Preparação

Prepare uma refeição saudável e equilibrada.

Prática

1 Ponha a mesa e sente-se. Não comece a comer imediatamente; reserve um tempo para relaxar e acalmar sua mente. Defina sua intenção de comer com atenção para se tornar uma pessoa mais saudável. Expresse gratidão pelo alimento que você está para ingerir.

2 Pegue seu garfo e coloque um pedaço do alimento na boca. Ponha o garfo de volta na mesa. Mastigue com atenção e completamente. Foque nas sensações na língua, dentes e garganta, à medida que engole. Sinta o gosto. É doce, salgado, azedo ou condimentado com temperos e ervas? O mais provável é que você perceba uma combinação.

3 Após ter experimentado por completo as sensações do gosto da primeira mordida, pegue seu garfo e coloque outro pedaço na boca. Observe o que surge na sua mente: frustração por estar comendo tão devagar? Você já está antecipando a próxima mordida antes de terminar esta primeiro? Você continua a comer depois que o estômago já está cheio?

4 Tente soltar toda a sua bagagem emocional sobre comer e apenas saboreie o gosto da comida, como se você estivesse comendo pela primeira vez. Tente levar a atenção plena às suas refeições do dia a dia.

FRUTA MADURA

O movimento *Slow Food*, que começou na Itália, defende o restabelecimento do prazer sensual e da qualidade dos ingredientes na cozinha e nas refeições. Esta meditação o ajudará a tornar-se mais consciente dos seus sentidos.

Benefícios

- Promove a atenção plena dos sentidos
- Ajuda você a comer com mais consciência
- Aumenta o prazer

Meditação

Quando

Pratique quando você sentir que tem se alimentado mal por um período de tempo ou sente uma falta de alegria e prazer em sua vida.

Preparação

Vá a uma feira orgânica e selecione uma fruta madura que cresceu de maneira orgânica. Pode ser uma ameixa, uma maçã, uma pera ou um lindo morango. Escolha o que der água na boca pela antecipação.

Prática

1 Coloque seu pedaço de fruta num lindo prato em sua mesa de jantar. Sente-se à mesa.

2 Passe alguns momentos olhando para a fruta. Observe sua cor, forma e textura. Se for uma ameixa, olhe para sua linda casca púrpura. Se for um morango, observe as minúsculas sementes na superfície. Pegue-o e examine com cuidado. Ponha-o sob seu nariz e inspire sua fragrância inebriante.

Uma fruta orgânica, não estragada por produtos químicos, ceras ou *sprays* é uma delícia para o nariz, os olhos e a língua. O ato de comê-la com vagar e atenção aumentará o seu prazer e servirá como lembrete para prestar mais atenção aos seus sentidos em todas as áreas de sua vida.

3 Agora feche os olhos e dê devagar sua primeira mordida. Deixe o gosto da fruta explodir na sua boca. Mastigue-a muito devagar, saboreando a polpa e os sucos. Continue a comer a fruta dessa maneira.

4 Quando tiver terminado de comer a fruta inteira, perceba qualquer sabor restante. Sente-se em silêncio e expresse gratidão por uma experiência tão agradável e sensual.

NUMA BATIDA DO CORAÇÃO

Meditar em sensações corporais sutis, tais como as batidas do seu coração, aumenta a consciência do seu corpo durante as atividades cotidianas. Tornar-se consciente do seu corpo e de tudo que o cerca ajuda você a permanecer ancorado no presente.

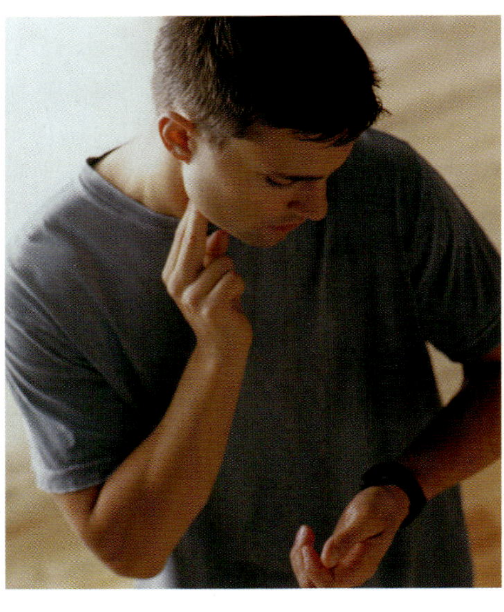

Benefícios

- Aprofunda sua consciência das sensações corporais
- Ajuda você a apreciar seu corpo e sua vida
- Incentiva você a viver no momento presente

Seu coração é magnífico. Ele ajuda você a viver dia após dia, bombeando o sangue, sem pedir nada de você, exceto que você se alimente bem e se exercite de vez em quando. Prestar atenção ao seu incrível batimento cardíaco pode inspirar você a cuidar mais de si mesmo.

Meditação

Quando

Preste atenção ao seu batimento cardíaco uma vez por semana, quando tiver pelo menos 20 minutos de tempo ininterrupto.

Preparação

Pratique a meditação "Você tem um corpo" nas pp. 100-01 algum tempo antes de fazer esta meditação.

Prática

1 Sente-se numa almofada ou numa cadeira de espaldar reto num lugar calmo onde você não seja perturbado por ruídos ou outras intrusões. Concentre-se em sua respiração por alguns minutos.

2 Escolha um local em seu corpo no qual você possa sentir seu batimento cardíaco. Pode ser seu peito, nuca, pulso ou outro local, no qual você possa sentir o sangue bombeando. Concentre-se nesse local por alguns minutos.

3 Estenda sua atenção para todas as suas veias e artérias e sinta o sangue que circula através do seu coração para o resto do seu corpo. Observe se seu coração se acelera ou acalma. Se ocorrer pensamentos, leve sua atenção de volta aos batimentos cardíacos.

4 Finalize sua meditação quando estiver pronto. A seguir expresse gratidão por ter um corpo tão maravilhoso e um coração magnífico, que serve a você com fidelidade dia e noite. Determine-se a cuidar do seu corpo físico, tanto quanto for possível.

ATENÇÃO EMOCIONAL PLENA

Você foi apresentado às suas emoções na última sessão sobre acalmar e centrar, quando aprendeu a rotular suas emoções e retornar à sua respiração. Nesta meditação você realmente medita em seu estado emocional.

Benefícios

- Ajuda você a reconhecer que os estados emocionais são transitórios
- Aumenta a aceitação de suas emoções
- Ajuda você a não se identificar com suas emoções

Alguns estados emocionais familiares são alegria, tristeza, inveja, raiva, ressentimento, agitação, orgulho e depressão. Você pode sentir qualquer uma dessas emoções como resultado das experiências de vida. Às vezes elas surgem devido às suas atitudes; por exemplo, se você estiver apegado a alguém pode sentir ciúmes quando ele dá mais atenção aos outros. Se você julga alguém negativamente, talvez sinta raiva dessa pessoa. Suas emoções não são um problema. Todos nós somos criaturas emocionais. O problema surge quando você se identifica com sua raiva. Em vez de dizer a si mesmo: "Estou com raiva", tente dizer "existe raiva". Isso ajudará você a impedir que suas emoções explodam e tomem conta. Ser consciente de suas emoções ajudará você a aceitá-las e também a permanecer no controle delas.

Meditação

Quando

Faça esta meditação quando estiver obcecado em comprar coisas que você julga que farão você feliz.

Preparação

Vá a um shopping center sozinho, sem dinheiro ou cartão de crédito. Essa visita é apenas para meditação.

Prática

1 Sente-se confortavelmente numa almofada ou cadeira. Leve sua atenção a qualquer emoção ou emoções que esteja sentindo neste momento. Você está feliz, triste, deprimido, zangado, confuso ou com medo?

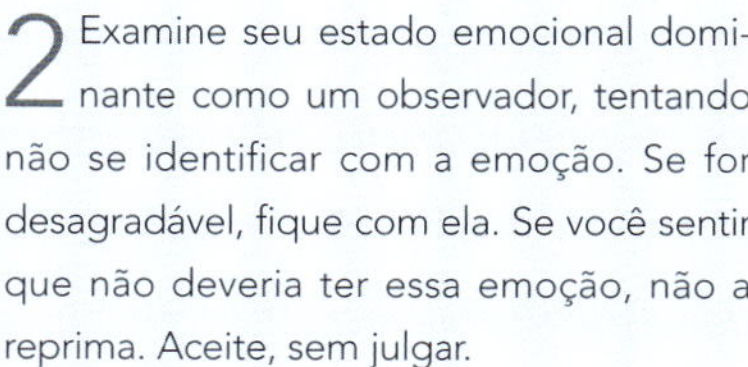

2 Examine seu estado emocional dominante como um observador, tentando não se identificar com a emoção. Se for desagradável, fique com ela. Se você sentir que não deveria ter essa emoção, não a reprima. Aceite, sem julgar.

3 Localize no seu corpo onde você está sentindo sua raiva ou tristeza, ou qualquer emoção que estiver sentindo. Quais imagens mentais acompanham seu estado emocional? Investigue suas emoções e veja como elas afetam você.

4 Lembre-se de que você não é suas emoções e que elas são transitórias. Leve essa consciência emocional para a sua vida diária.

LAVE A LOUÇA

Como o ato de lavar a louça pode ser uma meditação? A tradição zen incentiva você a realizar cada ação com uma consciência e atenção totalmente focada.

Benefícios

- Ajuda você a focar e se concentrar no que está fazendo
- Transforma as tarefas corriqueiras numa prática espiritual
- Ensina a atenção plena cotidiana

Meditação

Quando

Pratique após cada refeição, quando for o momento de lavar a louça.

Preparação

Suje muita louça fazendo uma boa refeição. Tire a mesa e raspe os restos de comida. Encha a pia de sua cozinha com água morna e sabão. Deixe à mão a esponja. Arregace as mangas.

Prática

1 Faça com que todos saiam da cozinha para você lavar a louça sozinho.

2 Devagar pegue o primeiro prato e comece a lavar. Concentre-se apenas no prato e na pia. Se pensamentos ocorrerem, volte o foco para o que você está fazendo. Quando o prato estiver limpo, devagar e com atenção ponha-o no escorredor. Pegue o prato seguinte e continue do mesmo modo.

Você pode ter alguma dificuldade em prestar uma atenção tão focada e completa em lavar a louça. Talvez sinta tédio, por estar acostumado a usar o momento de lavar a louça para pensar em outras coisas, ou escutar o rádio ao fundo. Se conseguir transcender seu tédio inicial, você colherá as alegrias da atenção plena emocional.

3 Sua mente pode divagar, mas tente permanecer no presente e com a tarefa à mão. Observe o movimento da água, a espuma do sabão, e o confortante calor da água em suas mãos à medida que você lava um prato. Observe os pratos, copos e panelas. Conduza a experiência como se fosse a primeira vez na vida que você lava louça.

4 Mesmo que possa levar muito mais tempo do que costuma, lave cada item dessa maneira. Embora exagerado, tente levar esse nível de consciência e atenção deliberada a tudo o que você faz. Mantenha sua mente presente e envolvida. Observe se você se sente mais relaxado e tranquilo lidando com sua vida desse modo.

COMPRAS

Sim, é possível meditar enquanto fazemos compras. É um bom lugar para ter consciência do que você projeta nos objetos.

Benefícios

- Demonstra que adquirir coisas não traz felicidade
- Promove consciência das motivações para o consumo
- Reduz o desejo compulsivo de fazer compras

É fácil pressupor que os objetos externos são cruciais para nossa felicidade duradoura, uma vez que é isso que a publicidade nos diz constantemente. "Compre este carro e sinta-se incrivelmente poderoso!", "Vista este terno e torne-se um diretor de empresa de um dia para o outro!". Todos nós somos suscetíveis a esse tipo de propaganda, porque todos nós estamos sofrendo de alguma maneira e queremos acreditar que algo fora de nós mesmos vai tirar nossa dor. Mas está na hora de investigar essa questão por nós mesmos.

Meditação

Quando

Faça esta meditação quando estiver obcecado em comprar coisas que você julga que farão você feliz.

Preparação

Vá a um shopping center sozinho, sem dinheiro ou cartão de crédito. Essa visita é apenas para meditação.

Prática

1 Ao caminhar pelas lojas, observe as coisas que gostaria de ter. Pergunte a si mesmo por que quer aquele vestido, casaco ou carro. Por que eles farão você se sentir melhor consigo mesmo, mais sexy ou atraente? Se você comprar e vestir o casaco, o que pensa que isso dirá aos outros a seu respeito? Que qualidade e poderes você projeta no casaco?

2 Lembre-se da última coisa que você "tinha" que comprar e comprou. Como se sente em relação a esse item agora? Ele trouxe tudo o que você esperava? Mesmo que um dia você tenha ficado obcecado em possuí-lo, agora ele está esquecido em algum canto do armário?

3 Contemple o fato de que todas as coisas e experiências externas são, por natureza, efêmeras, não confiáveis e sujeitas à mudança e decadência. Elas nunca poderão dar a você uma real felicidade ou curar seus sentimentos de inferioridade, solidão ou importância.

4 Comece a avaliar tudo o que você quer comprar dessa maneira. Tenha a certeza de que você aprecia suas posses pelo que elas são, mas não projeta nelas mais do que elas podem dar.

CONSUMO COMPASSIVO

É importante estar consciente do que compramos e de quais recursos consumimos para a qualidade de nossa vida, para o restante do planeta e para as futuras gerações.

Benefícios

- Somos lembrados da interconexão de todos os seres e coisas
- Fornece um antídoto para o consumo inconsciente
- Promove a compra de menos produtos tóxicos para o benefício do planeta

Esta é uma meditação analítica, na qual você medita num tópico e tenta levar todas as descobertas que você fizer para sua vida diária. A prática não pretende fazer você se sentir culpado e não há nenhum "você deveria" a ser inferido dela. A simples tomada de consciência de sua interconexão com todos os outros ajudará você a fazer escolhas mais compassivas relativas a todos os aspectos de seu consumo.

Meditação

Quando

Faça esta meditação analítica sempre que sentir que o que você compra e gasta fugiu ao seu controle.

Preparação

Escreva como você gastou seu dinheiro em termos gerais nos últimos seis meses, incluindo os recursos energéticos como a gasolina do seu carro.

Prática

1 Sente-se numa almofada ou cadeira. Visualize a si mesmo conectado com todos os outros seres vivos, com o céu acima, a Terra abaixo, as pedras, a água, as árvores e as plantas. Tente fortalecer essa sensação de interdependência e interconexão.

2 Imagine que tudo o que você consome tem um efeito em cada ser na Terra. Visualize-se enchendo o tanque de seu carro. Pense nas pessoas que perfuraram o petróleo, aquelas que o refinaram para fazer o combustível de seu carro. Lembre de que esse é um recurso limitado e que o escapamento do carro polui o ar.

3 Pense em todas as pessoas envolvidas no plantio, no embarque e no empacotamento dos alimentos que você consome. Pense nos pesticidas e fertilizantes que podem ser usados na plantação dos alimentos e como isso afeta o nosso planeta.

4 Pense na camiseta barata que você está vestindo e reflita que ela pode ter sido feita por pessoas de um país do terceiro mundo que trabalham longas horas para receber muito pouco.

5 Traga essa consciência do efeito que o seu consumo tem no planeta para a sua vida diária e tente tomar decisões mais compassivas em relação ao que compra.

APENAS AGORA

Não há um futuro garantido e o passado já não existe, de modo que tudo o que resta é agora. Seja consciente do presente e você será capaz de viver uma vida mais feliz, fértil e realizada.

Benefícios

- Reduz a preocupação e a ansiedade
- Aumenta a felicidade
- Ajuda você a habitar plenamente o momento presente

Estar presente no momento significa que você está presente em sua vida mais plenamente. Ser capaz de absorver a riqueza sensual à sua volta expande e enriquece sua experiência de vida. Se você está constantemente ruminando sobre antigas mágoas ou planejando o que vai dizer naquela reunião amanhã, vai deixar de estar plenamente vivo agora mesmo. Na realidade, agora mesmo é tudo o que existe e tudo o que você realmente tem.

Meditação

Quando

Faça esta meditação se você estiver estagnado num círculo vicioso, repetindo antigas interações com amigos, família ou colegas, ou se você constantemente fica antecipando o que vai acontecer amanhã, na próxima semana ou no ano que vem.

Preparação

Durante um dia, observe a frequência com que seus pensamentos levam você para o passado ou futuro.

Prática

1 Sente-se numa almofada ou cadeira e mantenha as costas retas. Concentre-se em sua respiração por alguns minutos para centrar a si mesmo. Quando pensamentos ocorrerem, observe se são pensamentos sobre o futuro ou passado e traga a si mesmo de volta para o presente.

2 Permaneça no presente concentrando-se no estímulo sensual de seu ambiente bem como no que você está sentindo física ou emocionalmente. Perceba a sensação das roupas contra o corpo, a temperatura do ar, os sons que você ouve e o gosto em sua boca. Você se sente triste, sozinho ou ansioso?

3 Relaxe em seu ambiente. Diga a si mesmo que você pode ser exatamente o que é, com todos os seus defeitos e qualidades. Seja quais forem os problemas que tem, você não tem que se preocupar com eles. Seja o que for que aconteceu em seu passado, você pode deixar isso para trás. Vivencie o momento presente se tornando mais rico e tridimensional. Respire na beleza do agora.

4 Tente permanecer no momento presente dessa maneira no dia a dia.

UMA COISA DE CADA VEZ

Os especialistas em gerenciamento do tempo incentivam as multitarefas, mas a longo prazo ela é estressante e ineficiente. Aprenda a se concentrar numa tarefa por vez e dê a ela toda a sua atenção amorosa.

Benefícios

- Proporciona uma maneira mais relaxada de trabalhar
- Ajuda você a ficar no momento presente
- Previne erros e acidentes

Subjacente às multitarefas costuma existir uma motivação competitiva e agressiva. Em outras palavras, se você faz mais coisas em menos tempo, isso significa que você é mais esperto, mais competente e mais bem-sucedido. Você pode fazer muitas coisas, mas nunca se concentra realmente em nada. A qualidade do seu trabalho e da sua vida sofre. Faça esta meditação para entrar em contato com os efeitos negativos das multitarefas e os benefícios positivos de trabalhar numa coisa de cada vez.

Meditação

Quando

Faça esta meditação quando estiver sentindo stress como resultado das multitarefas no trabalho ou em casa.

Preparação

Se você normalmente faz mais de uma coisa ao mesmo tempo, pergunte a si mesmo o motivo.

Prática

1 Escolha qualquer tarefa, tal como digitar ou cozinhar e faça alguma outra coisa também. Faça o jantar e assista TV ao mesmo tempo. Se estiver no escritório, arquive seus documentos e dê um telefonema de negócios ao mesmo tempo. Escreva como se sente e como você realizou suas tarefas.

2 Faça as mesmas tarefas novamente, mas dessa vez concentre-se apenas numa tarefa. Cozinhe com atenção e dedique sua plena atenção ao telefonema de negócios. Escreva como se sente e como desempenhou suas tarefas.

3 Mais tarde, sente-se numa almofada ou cadeira e recorde como se sentiu enquanto fazia múltiplas tarefas. Tente recriar em sua mente como você se sente quando tenta com frenesi fazer várias coisas ao mesmo tempo. Fique em contato com esses sentimentos por alguns minutos. A seguir, recorde como se sentiu dedicando sua total atenção a uma única tarefa e fique com esse sentimento por um tempo.

4 Se você se sentiu melhor concentrando-se numa coisa de cada vez, continue a lidar com todas as suas tarefas desse modo. Você notará, com o tempo, que seu trabalho será mais preciso e benfeito, e você se sentirá mais relaxado, centrado e no controle de sua vida.

OLHO NO OLHO

Olhar profundamente nos olhos de uma pessoa pode ser uma experiência meditativa maravilhosa. Se você sente que não tem dado valor ao seu parceiro ou amigo, ou se sente menos próximo do que gostaria, tente esta meditação de cura.

Benefícios

- Abre o coração
- Dissolve as defesas
- Promove intimidade e melhor comunicação

Meditação

Quando

Se estiver sentindo que gostaria de se aproximar de alguém, tente esta meditação para dois.

Preparação

Encontre um parceiro que esteja disposto a fazer esta meditação com o propósito de ajudar vocês a se sentirem mais próximos.

Prática

1 Sentem-se de pernas cruzadas em almofadas ou cadeiras, olhando um para o outro, com os joelhos se tocando. Repouse suas mãos no colo.

2 Ambos respiram profundamente algumas vezes para focar e centrar-se. Olhem diretamente nos olhos do seu parceiro. Talvez, no início, tenham vontade de rir mas entendam que isso é apenas nervosismo. Superem.

3 Passem 5 minutos olhando um nos olhos do outro. Tentem não pensar. Apenas receba esse

Às vezes este exercício pode ser desafiador, à medida que você pode se sentir exposto e vulnerável, especialmente se andou tendo dificuldades com seu parceiro de meditação. Mas se você puder continuar com a prática, o amor prevalecerá. Afinal, vocês dois desejam a felicidade e ambos querem evitar o sofrimento. Vocês têm essa base em comum e podem trabalhar a partir daí.

outro ser humano. Se surgirem emoções, permita que se expressem. Se quiser chorar, faça isso, se quiser sorrir e rir, faça-o. Mas deixe que essa reação venha de um profundo sentimento de conexão e não de uma defesa contra ele.

4 Termine sua meditação dando um abraço um no outro. Se quiser dizer algo ao seu parceiro, diga. Também é válido ficar em silêncio.

MONITOR DE MÍDIA

Se você assiste à TV, ouve rádio, vai ao cinema, lê jornais e livros, navega na Internet ou joga *videogames*, está assimilando grande quantidade de informações. Aprenda a ficar consciente do que você está absorvendo.

Benefícios

- Reduz o stress da sobrecarga de informação
- Recupera o tempo por causa do desejo compulsivo pela mídia
- Ajuda você a ficar consciente do que está absorvendo

O conteúdo do que você absorve, a sua motivação para assistir ou ouvir e a quantidade do que você recebe, tudo isso exerce um enorme efeito em você. O seu consumo da mídia está ajudando ou prejudicando você? É importante examinar todos os três aspectos do seu consumo dos meios de comunicação, e tomar decisões claras acerca do quanto e do que você vai permitir em sua vida.

Meditação

Quando

Se você sentir que está absorvendo demasiada informação e não está discriminando o suficiente acerca do que está assistindo, ouvindo ou lendo, faça esta meditação.

Preparação

Durante dois ou três dias, monitore o tempo que você passa assistindo à TV, navegando na Internet ou envolvido em outros tipos de mídia. Observe o conteúdo do que você recebe. O quanto ele é violento ou perturbador por natureza?

Prática

1 Sente-se numa cadeira ou almofada, num local silencioso distante de outras pessoas. Lembre de algumas imagens de qualquer mídia que você leu, viu ou escutou nos últimos dias.

2 Observe como esse conteúdo faz você se sentir, quais emoções são estimuladas e as reações em seu corpo. O coração está batendo mais forte, ou algum músculo está mais tenso?

3 Pergunte a si mesmo se o material que você absorveu é positivo e benéfico por natureza ou provoca reações negativas, como medo ou raiva. Qual foi o efeito em você de um assassinato anunciado no noticiário noturno? Se assistiu a um documentário sobre pássaros, como isso o afetou?

4 Agora pergunte a si mesmo porque permitiu essa mídia em sua vida. Estava buscando informações? Estava tentando entender uma notícia? Estava entediado e buscava se distrair? Estava tentando evitar intimidade ou fugir dos problemas?

5 Depois de ter respondido a essas perguntas para si mesmo, termine sua meditação. Tente ter alguma consciência no futuro sobre o que você absorve da mídia. Tome uma decisão clara acerca do que é bom para você e do que não é.

CADETE DO ESPAÇO

Você tem a tendência de "se desligar" quando se sente sobrecarregado por problemas e responsabilidades? Faça esta meditação para manter-se no presente.

Benefícios

- Ajuda você a perceber quando se desligou
- Promove a plena atenção no momento presente
- Põe você em contato com suas emoções

Meditação

Quando

Faça esta meditação se você tiver dificuldade em permanecer consciente do que está ocorrendo à sua volta, ou se teve algum acidente por não ter prestado atenção.

Preparação

Traga à mente ocasiões em que você sentiu que a sua desatenção ao que estava à sua volta apresentou um problema para você e as pessoas ao seu redor.

Prática

1 Fique em pé num chão de madeira com os pés afastados na largura dos ombros. Mantenha a coluna reta e os ombros nivelados e relaxados. Seus braços podem estar soltos dos lados do corpo, levemente distantes do corpo, como se você estivesse segurando um ovo sob as axilas. Sinta seus pés no chão liso.

2 Mantenha os olhos abertos e respire naturalmente. Sem virar a cabeça, tente absorver tanto quando puder através dos sentidos. Perceba a cor dos móveis, a forma e texturas

Alguém já disse para você "Volta para a Terra, Sara" (ou qualquer que seja seu nome) como uma brincadeira para chamar sua atenção? A brincadeira é que você está tão ausente que a pessoa tem que fazer contato por rádio da Terra com sua espaçonave em algum lugar. É como se você estivesse em seu próprio mundinho, indisponível para se relacionar com alguém e ignorando o que se passa à sua volta. Talvez você use isso como defesa contra o que parece tão avassalador. Ou talvez você apenas tenha o hábito de ser um "professor desligado". Tente pendurar o seu traje espacial se quiser viver uma vida mais atenta e consciente.

dos objetos no quarto. Observe a luz e as sombras. Sinta os aromas e a temperatura. Agora preste atenção aos sons. Você escuta o som de um ventilador ou zumbido do motor de sua geladeira?

3 Medite desse modo por 10 minutos. Se você ficar nervoso por estar tão consciente, pergunte-se o motivo. Pratique essa atenção ao seu ambiente todos os dias. Depois pratique a mesma atenção com as pessoas com quem você está.

A VIDA É CURTA

A sua vida realmente passa num piscar de olhos. Pergunte a qualquer pessoa que esteja em seus 80 ou 90 anos e elas quase sempre dirão a você para tirar o melhor proveito do seu tempo.

Benefícios

- Desperta você para a realidade da sua morte
- Ajuda a estabelecer prioridades
- Incentiva você a viver a vida plenamente

Isso pode parecer mórbido, mas na verdade trata-se de ajudar você a viver plenamente. Se você conversar com pessoas que se recuperaram de uma doença que traz riscos à sua vida, elas geralmente dirão o quanto estão agradecidas por ter tido a doença, na medida em que esta "as despertou" para a preciosidade da vida. Elas podem começar a fazer coisas que sempre quiseram fazer, mas nunca agiram. Elas podem largar o emprego e encontrar outro, ou terminar uma relação sem vida já há muito tempo. Meditar no fato de que você pode morrer a qualquer momento e não apenas na velhice ajudará você a estabelecer prioridades e agir de acordo com elas.

Meditação

Quando

Contemple a brevidade da vida se estiver se sentindo emocionalmente estagnado e sem inspiração.

Preparação

Leia os obituários do jornal hoje. Isso pode parecer desagradável, mas é muito útil fazer isso de vez em quando.

Prática

1 Sente-se em uma almofada ou cadeira num local tranquilo onde você esteja sozinho.

2 Considere a sua idade e quantos anos você pensa que pode viver. Agora imagine como se sentiria se soubesse que você vai morrer daqui a dois anos a partir de hoje. O que você faria de diferente em sua vida?

3 Agora pense sobre a preciosidade de sua vida. Para quem você gostaria de dizer que ama? O que gostaria de fazer com o tempo que resta? Você gostaria de se aproximar mais de sua família ou amigos? Você largaria seu emprego e viajaria?

4 Depois de cerca de 10 minutos, escreva tudo o que você imaginou que faria. Faça dessas coisas uma prioridade em sua vida hoje.

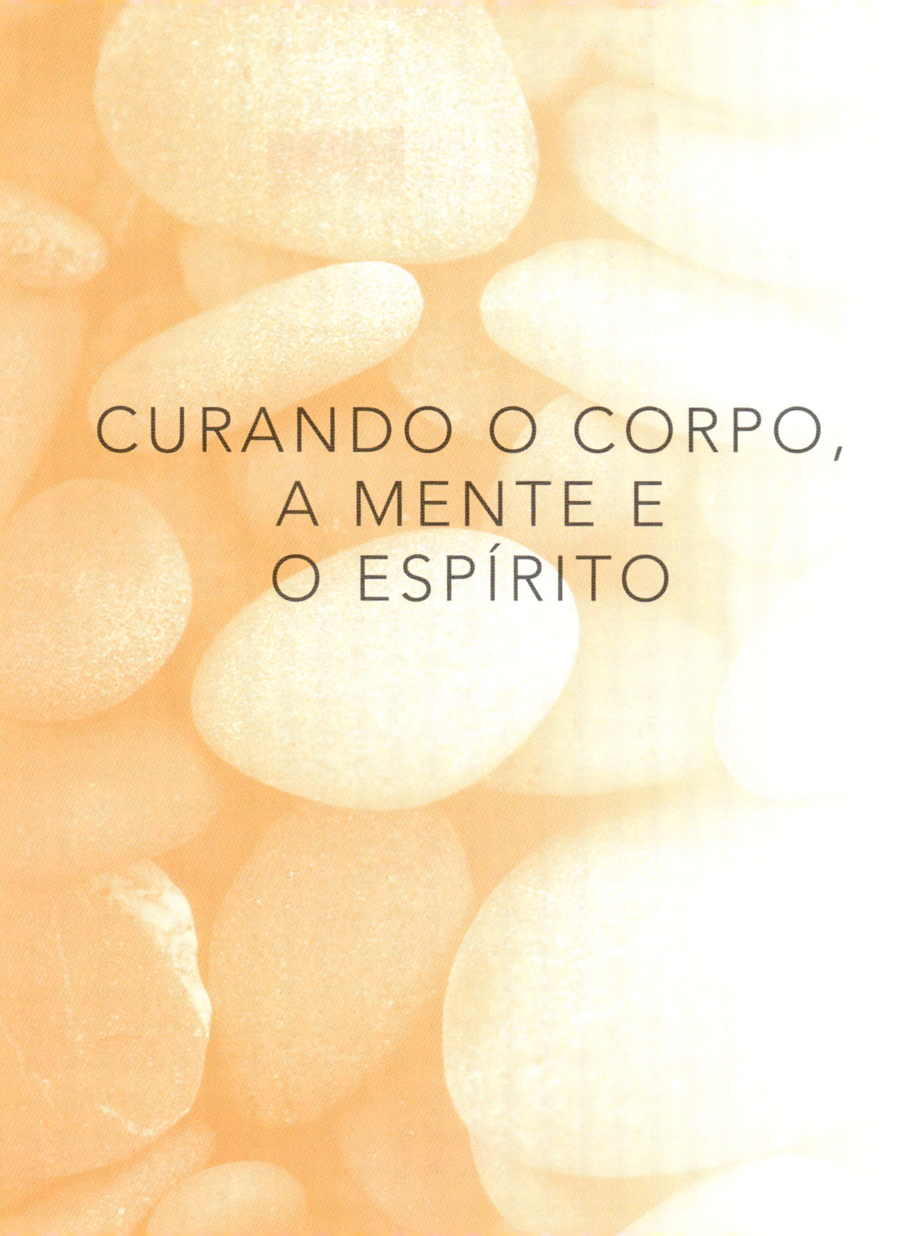

CURANDO O CORPO, A MENTE E O ESPÍRITO

MEDITAÇÕES DE CURA

Ao aprender a acalmar-se e a centrar-se, e a praticar a atenção plena, você teve uma amostra dos poderes latentes de sua mente. Nesta seção, você aprenderá a usar a visualização para superar a doença e a aflição psicológica, bem como a prevenir doenças e promover a longevidade.

Em nossa vida, desenvolvemos hábitos negativos, tais como o desejo compulsivo por comida ou álcool, que nos prejudicam física e espiritualmente. A cura requer o abandono dos hábitos negativos, substituindo-os pelos positivos.

Portanto é apropriado que a primeira meditação desta seção seja o "Fogo purificador", no qual você é convidado a, literalmente, queimar seus hábitos negativos. Dores não expressas prejudicam o corpo e a alma; em "49 dias" você será apresentado a uma meditação do budismo tibetano para trabalhar com o luto. Se você não estiver dormindo o suficiente, experimente "Doces sonhos", para ajudar você a dormir como um bebê. Se você tem vícios, aborde-os da maneira mais compassiva com "Alimente seus demônios". A rigidez no seu modo de ver a vida causa um stress incalculável. Aprenda a relaxar na zona intermediária com "Contenha os opostos". Explore o poder da visualização para a cura com a meditação do "Banho de néctar". A "consciência corporal" ensina um método de faça-você-mesmo para monitorar a sua saúde.

Convoque a sabedoria e a força das árvores para curar com a "Meditação da grande árvore". A sua voz é um recurso poderoso para a cura, como você descobrirá em "A cura por meio da entoação". Se você estiver grávida, talvez queira experimentar o "O bom parto".

Para purificar comportamentos negativos do passado, experimente "Quatro poderes" e "Fazendo reparações". Para o relaxamento profundo e curativo, tente "Savasana". Para ajudar você a se preparar para uma cirurgia, experimente "Cirurgia" e para evitar a necessidade de cirurgia, cure seus órgãos com uma meditação chinesa taoista chamada "Sorriso interior".

As três meditações de Tara apresentarão você a um Buda feminino do Budismo tibetano especializado em cura e longevidade. "Nutrição" ajuda você a se curar do desejo compulsivo por comida, ao passo que "Paciência" ensina o antídoto da raiva. Aprenda a ser um bom pai ou mãe para si mesmo e seus filhos em "Criança interior" e "Os melhores pais". Se você for um cuidador, apoie a si mesmo com "O cuidador". "Yoni" ajuda você a se curar do abuso sexual. "Alegrando-se" ajuda você a transformar a inveja. Se você é viciado em álcool, experimente "Espírito cura o espírito". Por fim, dê ao seu corpo uma poderosa revigorada com outra meditação chinesa taoista chamada "Órbita microcósmica".

FOGO PURIFICADOR

Se você tem maus hábitos que afetam sua saúde mental, emocional, física ou espiritual, esta meditação o ajudará a abandoná-los e começar de novo.

Benefícios

- Ajuda você a identificar como você está se prejudicando
- Incentiva você a se livrar da vergonha ou culpa
- Apoia você em seus esforços para cuidar de si mesmo

Meditação

Quando

A cura não se refere apenas à doença física. Faça esta meditação caso esteja lutando contra hábitos negativos.

Preparação

Localize um lugar onde seja seguro para fazer uma fogueira – numa lareira ou fora talvez numa churrasqueira. Escreva todos os hábitos negativos que você teve no passado ou tem no presente. Não tenha pressa e faça uma lista completa. A seguir, escreva sobre seus sentimentos acerca de seus hábitos negativos. Inclua qualquer sentimento de arrependimento ou vergonha.

Prática

1 Acenda uma fogueira em sua lareira ou churrasqueira. Sente-se numa almofada ou cadeira próxima. Leia a sua lista. Reveja tudo e sinta a sua vergonha e culpa.

2 Visualize seu poder superior de qualquer modo que desejar. Expresse seu arrependimento por ceder aos hábitos negativos e peça ajuda para viver sua vida de um modo mais positivo e constru-

Ninguém está livre de hábitos negativos e corrosivos. Talvez você fume ou gaste dinheiro demais ou tem o hábito de explodir de raiva com seus filhos quando, de fato, você não queria fazer isso. Talvez você dirija rápido demais e tenha sofrido alguns acidentes, quase machucando alguém. Ou quem sabe você tenha traído seu parceiro consistentemente. Você pode ainda estar preso em seus maus hábitos ou talvez tenha desistido deles, mas carrega muita vergonha por causa disso. Esta meditação utiliza a visualização para ajudar você a superar hábitos negativos.

tivo. Sinta o amor de seu poder superior e aceitação de você como você é.

3 Agora coloque a sua lista no fogo e observe-a queimando. À medida que sua lista queima, visualize seus hábitos abandonando você. Libere qualquer sentimento de vergonha, jogando-o mentalmente no fogo para ser purificado. Comprometa-se a viver uma vida mais positiva.

49 DIAS

Os budistas tibetanos acreditam na reencarnação. Quando alguém morre, passará, supostamente, 49 dias em trânsito para a vida seguinte. Durante esse tempo, você vive o luto pela pessoa e também reza para que ela tenha um bom renascimento.

Benefícios

- Ajuda o processo de luto
- Dá a você esperança de que a pessoa terá uma nova vida
- Incentiva você a viver bem a sua própria vida

Você pode ter passado pela morte de alguém em sua família ou talvez tenha perdido um bom amigo ou amiga. Esta meditação ajuda no processo de luto e a conduzir o ser amado para a vida seguinte. Se não acredita em reencarnação, não se preocupe. Você pode simplesmente pensar na pessoa no céu ou com Deus, ou no que considera ser a vida após a morte. Se você não acredita numa vida após a morte, use esta meditação para ajudar na sua própria cura nos 49 dias que seguem à morte da pessoa amada.

Meditação

Quando

Faça esta meditação durante e até 49 dias após a morte de uma pessoa amada.

Preparação

Encontre uma fotografia da pessoa e a coloque numa moldura que possa ser colocada em seu altar ou sobre uma mesa.

Prática

1 Sente-se numa almofada ou cadeira em frente ao seu altar ou mesinha sobre a qual você colocou a fotografia da pessoa amada.

2 Pense na pessoa amada e deixe sua dor extravasar. Chore o quanto precisar. Expresse o quanto você a apreciava e quanta falta sentirá dela. Quando puder, comece a pensar no espírito dela e a afirmar para você mesmo que ela continuará vivendo de algum modo.

3 Se você acredita em reencarnação, imagine a pessoa amada tendo um renascimento maravilhoso. Reze para que ela tenha uma nova vida maravilhosa onde possa progredir num caminho espiritual. Mentalmente, libere a pessoa amada para uma vida nova. Se você sentir que a pessoa estará no céu com Deus, visualize-a lá.

4 Se você não acredita na vida após a morte, lembre-se dos bons aspectos da pessoa amada que partiu, e visualize que está permitindo que ela se vá. Libere a si mesmo de qualquer culpa ou tristeza. Visualize a melhor qualidade da pessoa amada e tente trazer essa qualidade para a sua vida, como uma maneira de lembrar-se dela.

DOCES SONHOS

A privação de sono é um grave problema de saúde em nosso mundo excessivamente ativo e estressante. Se você tem problemas para dormir, faça esta meditação para ajudar você a relaxar e prepará-lo para dormir.

Benefícios

- Ajuda a clarear a mente
- Induz o relaxamento
- Fortalece o seu sistema imunológico

Meditação

Quando

Se você está tendo problemas para dormir, faça esta meditação simples para ajudá-lo a relaxar.

Preparação

Prepare-se para a cama.

Prática

1 Certifique-se de que seu quarto está tranquilo. Vá para a cama e apague as luzes. Veja se as cortinas ou venezianas estão bem fechadas para evitar a passagem de qualquer luz da rua.

2 Deite-se confortavelmente de costas. Tensione seu corpo o quanto puder e depois relaxe. Repita três vezes.

3 Respire lentamente pelo baixo-ventre 20 vezes.

Se você for como a maioria das pessoas, tem sete ou oito horas de sono por noite – se tiver sorte. Os especialistas sugerem que você precisa de um mínimo de oito a nove horas para ficar em sua melhor forma física e mental. Assim como o sono insuficiente, é possível que você tenha insônia, ou pelo menos dificuldade para dormir. O stress e a televisão até altas horas da noite podem deixar você ao mesmo tempo totalmente acordado e exausto. Com o tempo, ter menos sono do que você precisa prejudicará seu sistema imunológico, deixando você vulnerável a doenças.

4 Agora, a cada inspiração, inspire paz e a cada expiração, expire as preocupações do dia. Libere as preocupações e dê as boas-vindas aos sonhos agradáveis. Peça que seus sonhos sejam úteis. Renda-se ao profundo relaxamento, enquanto você se solta cada vez mais. Sinta-se mergulhando num sono profundo, curativo e rejuvenescedor.

BATIDINHAS PARA AFASTAR A TENSÃO

Existem muitas técnicas terapêuticas novas para lidar com stress baseadas em dar pancadinhas nos lados opostos do seu corpo. Esta técnica é simples e forma a base de uma meditação poderosa.

Benefícios

- Fornece um método simples para a redução do stress
- Reduz o stress de modo que você pode lidar melhor com os problemas
- Promove o autocuidado

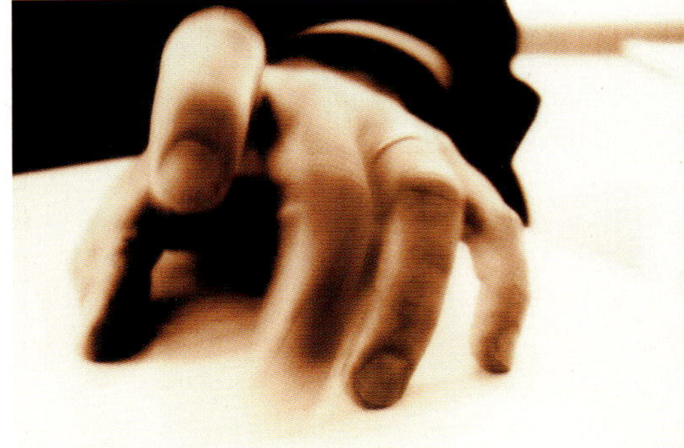

Esta meditação é baseada em algo chamado de Terapia de Movimento dos Olhos (EMT). Os pesquisadores descobriram que mover os olhos de um lado para outro enquanto se pensa num acontecimento traumático reduz a ansiedade e o stress de modo significativo. Bater de leve em ambos os lados do corpo, alternadamente e de maneira contínua por 3 minutos ou mais, pode ter o mesmo efeito.

Meditação

Quando

Pratique esta técnica sempre que estiver sofrendo de ansiedade causada por algo em seu passado ou alguma coisa que preocupa você atualmente.

Preparação

Traga à mente algum acontecimento, pessoa ou situação que provocou sentimentos de ansiedade e aflição.

Prática

1 Sente-se numa cadeira de espaldar reto, com as costas retas e as mãos pousadas nas coxas.

2 Pense na causa de sua ansiedade. Visualize o mais claramente possível o acontecimento, pessoas ou situação e sinta plenamente a sua aflição.

3 Agora, usando seu dedo indicador, comece a bater levemente primeiro numa coxa e depois na outra, alternando para a frente e para trás. Faça isso de modo rítmico, numa velocidade que parece confortável para você, e que você possa sustentar por 3 minutos ou mais. À medida que você bate de leve, visualize a fonte de seu stress.

4 Após 3 minutos, você deve sentir uma redução da ansiedade. Se ela persistir parcialmente, repita o exercício mais uma vez. Se a ansiedade não desaparecer completamente após o segundo exercício, tente novamente, só que dessa vez mova seus olhos de um lado para o outro.

ALIMENTE SEUS DEMÔNIOS

Se você sofre de vícios – drogas, álcool, comida, sexo, internet ou seja o que for – você provavelmente está fugindo da dor e não está se alimentando de maneira adequada. Faça esta meditação para aprender a cuidar melhor de si mesmo.

Benefícios

- Ajuda você a curar-se do vício
- Promove o autocuidado
- Cura a vergonha

Já que somos criaturas de hábitos, a maioria de nós tem algum tipo de vício. Talvez você tenha um vício inofensivo por mirtilos, ou algum mais sério, como drogas recreativas ou receitadas por médicos, álcool ou sexo. Você se tornou viciado para evitar alguma coisa. Talvez para evitar sentir emoções dolorosas, ou para esconder desilusões ou mágoas da infância. Você pode considerar seus vícios como demônios a serem exorcizados, mas tente pensar neles como amigos que estão se expressando em ações porque se sentem negligenciados e ignorados.

Meditação

Quando

Faça esta meditação para começar a se curar de seus vícios.

Preparação

Escreva uma lista de todos os seus vícios.

Prática

1 Sente-se numa almofada de meditação ou cadeira de espaldar reto num local calmo e privativo.

2 Traga à mente o que você considera seu vício mais difícil. Agora veja seu vício como uma pessoa diferente de você mesmo. Por exemplo, se seu vício é por cigarros, veja-o como um homem magro de pele amarelada, que é tenso e encurvado.

3 Pergunte à pessoa que você criou o que ela está sentindo e o que ela precisa que não está obtendo. O seu personagem fumante pode lhe dizer que quer relaxar, limpar seus pulmões e parar de correr o tempo todo.

4 Depois de conversar com seu "demônio", imagine que você é responsável por cuidar dele e visualize que o ajuda a curar-se. Pense em, pelo menos, uma maneira de ajudá-lo a se sentir melhor e parar de abusar de si mesmo. Agora aplique essa solução educativa à sua própria vida.

CONTENHA OS OPOSTOS

Talvez você se encontre preso no pensamento dualista – tudo tem que ser certo ou errado, preto ou branco, bom ou mau. Esta meditação ajuda você a aprender a tolerar uma visão mais realista – que dois pontos de vista ou situações aparentemente opostos podem existir simultaneamente.

Benefícios

- Reduz o stress
- Ajuda você a aceitar as coisas como elas são
- Fornece um antídoto para o pensamento rígido

Meditação

Quando

Se você está zangado e com medo, querendo respostas claras e simplistas ou exigindo que as coisas sejam feitas "à sua maneira", tente esta meditação para ajudar você a tolerar a vida como ela de fato é.

Preparação

Pense nas situações de conflito, em que você sente que as questões são claras.

Prática

1 Sente-se em sua almofada de meditação ou cadeira num local tranquilo onde você possa ficar sozinho. Medite observando sua respiração por 5 minutos.

2 Pense numa situação em que você se sentiu infeliz porque queria que algo fosse de uma maneira e a outra pessoa queria outra. Preste atenção às suas emoções. A primeira a surgir pode ser a raiva. Verifique se sob a raiva você sente medo. O que você pensa que irá perder se deixar que ambos os pontos de vista existam ao mesmo Tempo?

O pensamento dualista é simplista e é geralmente guiado pelo medo. Ele não pode conter ou expressar a complexidade da vida. Se a sua tendência é pensar nas questões como sendo em preto ou branco, a sua vida será mais estressante e difícil, porque o mundo real é um *continuum* de tons cinza, em vez de total contraste. Por exemplo, você pode estar em conflito com seu parceiro porque pensa que ele está errado e você está certo. Se quiser sentir-se mais confortável no seu dia a dia, esta meditação o ajudará a suavizar e aprender a ver que as respostas da vida são muito mais ambíguas do que "sim" ou "não".

3 Imagine que você está sozinho numa ilha deserta com uma pessoa e que sua sobrevivência depende das necessidades de ambos serem satisfeitas. Imagine uma maneira criativa de chegar a um acordo, de modo que cada um de vocês tenha, pelo menos, uma parte do que você deseja.

4 Depois de alcançar a solução do compromisso, na qual tanto você quanto a outra pessoa possam estar "certos" e ter parte do que você deseja, perceba se você sente menos stress e mais contentamento.

BANHO DE NÉCTAR

A visualização é um recurso poderoso para curar o corpo, a mente e o espírito. Use esta meditação para afastar a doença e promover a boa saúde.

Benefícios

- Promove a boa saúde
- Previne a doença
- Promove a longevidade

O conteúdo de seus pensamentos pode ter um efeito impressionante na saúde de seu corpo. Se você tiver uma doença e, por causa do medo, visualizar constantemente a sua doença progredindo, você estará enviando uma mensagem às células doentes para que continuem com o processo de adoecer. Se você imaginar, conscientemente, o seu corpo se curando, isso ajudará seu corpo a melhorar. Quando você visualiza durante a meditação, você cria conscientemente imagens ou cenas em sua mente. Nesta meditação você será solicitado a visualizar uma linda imagem de cura.

Meditação

Quando

Faça esta meditação se você estiver doente. Ela é maravilhosa para ser praticada com regularidade para manter a boa saúde geral.

Preparação

Sente-se por alguns minutos e escreva sobre qualquer problema de saúde, por menor ou mais grave que seja.

Prática

1 Sente-se numa almofada ou cadeira em seu local de meditação. Comece observando sua respiração por alguns minutos.

2 Pense em todos os problemas de saúde que você listou. Veja-os como pontos negros residindo em vários locais de seu corpo. Observe como seus problemas de saúde estorvam a sua vida, sinta qualquer emoção que surja.

3 Visualize-se perto de uma linda cachoeira num local quente, tropical e isolado. Dispa-se e procure um lugar onde você possa sentar-se sob o fluxo. Imagine que a água é um néctar celestial que cura e previne doenças.

4 Visualize todos os seus problemas de saúde sendo lavados por esse néctar. Sinta o néctar fluindo não apenas sobre o seu corpo mas também através dele levando consigo todos os pontos negros que você visualizou anteriormente.

5 Afirme para si mesmo que o seu corpo agora está livre de problemas de saúde. Levante-se do seu lugar sob a cachoeira, seque-se e vista suas roupas. Deixe esse belo local sabendo que você está com uma saúde vibrante. Saiba que pode retornar sempre que quiser.

CONSCIÊNCIA CORPORAL

É importante prestar atenção em seu corpo com regularidade e monitorar qualquer sinal de desequilíbrio. Esta meditação ajudará você a assumir responsabilidade pela sua saúde.

Benefícios

- Mantém você em boa comunicação com seu corpo
- Promove o autocuidado
- Promove o relaxamento

Talvez você seja uma dessas pessoas que apenas tem consciência de seu corpo da cabeça para cima. Você pode esquecer que tem um corpo! Esta meditação ensinará a você uma técnica poderosa que o ajudará a prestar atenção às mudanças sutis no seu corpo – mudanças que podem assinalar desequilíbrios e o início de problemas mais graves.

Meditação

Quando

Pratique, se possível, esta meditação diariamente.

Preparação

Faça alguns exercícios de alongamento para trazer sensações e consciência ao seu corpo como um todo.

Prática

1 Alongue-se numa esteira ou na cama sem travesseiro, com seus braços estendidos com as palmas das mãos para cima. Cubra-se com um cobertor leve se achar que pode sentir frio. Respire naturalmente em seu baixo-ventre por cerca de 20 respirações. Relaxe qualquer área tensa do seu corpo.

2 Comece pelos artelhos, subindo lentamente pelo corpo e perceba qualquer desconforto no caminho. Pergunte a si mesmo se teve alguma dor, pontada ou sensações incomuns num passado recente. Peça que qualquer problema se revele a você, mesmo que venha ignorando os sintomas. Se descobrir uma área que precisa de atenção, como as costas, estômago ou fígado, tome nota mentalmente.

3 Quando atingir o topo de sua cabeça, termine seu exercício. Relaxe por alguns minutos, depois sente-se e escreva sobre quaisquer problemas que você descobriu. Se você acha que podem ser graves, procure seu médico. Ou talvez você decida que precisa melhorar a dieta ou fazer mais exercícios. Com o tempo, esta prática pode ajudar você a ficar em sintonia com seu corpo e suas necessidades.

DESENHO DE MANDALAS

Mandala é um termo sânscrito que significa "círculo sagrado". As culturas nativa americana, hinduísta e budista usavam desenhos de mandalas para a cura e o desenvolvimento espiritual.

Benefícios

- Promove a cura, a integração psicológica e espiritual
- Ajuda a expor emoções ocultas
- Aumenta a criatividade

Uma mandala, seja pintada ou desenhada, é um símbolo circular do universo que usa formas simétricas, geralmente divididas em quatro, concentradas em torno do centro. Ela simboliza os elementos, as quatro direções e as estrelas e planetas. Quando você olha para uma mandala, ela dá uma perspectiva de um espaço sagrado, uma mandala leva o seu olhar a uma perspectiva de um espaço sagrado vibrando com totalidade e equilíbrio. Na natureza, você pode encontrar mandalas nas flores, frutas e cristais de neve. Os desenhos de mandala que você cria simbolizam você: seu corpo, seu estado psicológico e seu lugar no mundo.

Meditação

Quando

Crie uma mandala sempre que você quiser explorar algo em si mesmo que está oculto ou se quiser curar feridas passadas.

Preparação

Reúna o material de arte que você gostaria de usar. Use um prato ou compasso para desenhar o círculo.

Prática

1 Certifique-se de que você está num espaço tranquilo e privado. Acenda uma vela ou queime incenso para criar uma disposição reflexiva. Concentre-se na emoção, tema ou dor que você quer expressar em sua mandala.

2 Desenhe um círculo, seja à mão livre, com um compasso ou traçando em torno de um prato. Preencha o círculo com cor e formas. Permita que sua mandala desabroche. O que quer que você crie é bom. Não existe mandala certa ou errada.

3 Quando tiver terminado, olhe para a sua mandala e escreva sobre o que as cores, forma e imagens significam para você. Talvez você tenha usado amarelos e vermelhos, e desenhado um animal ou uma pessoa, ou pode ter favorecido os azuis e brancos. Coloque sua mandala onde você possa vê-la com frequência e deixe que ela seja parte de sua vida por algum tempo. Abra-se para receber quaisquer mensagens que ela traz para você.

MEDITAÇÃO DA GRANDE ÁRVORE

Esta é uma meditação maravilhosa para recuperar as forças depois de uma doença. Deixe que a árvore sustente você em sua trajetória de volta à saúde.

Benefícios

- Conecta você com o elemento Terra
- Tranquiliza em tempos de stress
- Fortalece a sua intenção de recuperar a vitalidade

As árvores são uma fonte estimada de energia para a prática de meditação. A solidez de uma árvore – suas raízes a conectam com a energia da Terra – é uma qualidade que ajuda você a curar o corpo e a alma. Se as árvores sobrevivem aos seres humanos, insetos e doenças, elas podem viver por muito tempo; algumas por centenas, talvez milhares de anos.

Meditação

Quando

Pratique esta meditação sempre que estiver se recuperando de uma doença ou de um período prolongado de stress, de preferência ao amanhecer ou ao anoitecer, onde as energias das árvores estão mais disponíveis.

Preparação

Localize uma área em que haja árvores crescendo, onde você possa ter alguma privacidade.

Prática

1 Caminhe devagar entre as árvores sem se concentrar em alguma em especial. Espere até que uma árvore escolha você, quando de repente ela se tornar o foco que atrai a sua atenção de um modo que difere de todas as outras árvores.

2 Fique em pé, de frente ou distante do tronco da árvore, dependendo do tamanho da árvore e de sua preferência pessoal. Se for uma árvore pequena, talvez seja possível circundar o tronco parcialmente com seus braços sem tocá-la de fato. Uma árvore maior pode requerer que você fique de costas para ela tão perto quanto possível sem fazer contato físico.

3 Relaxe sentindo que você respira com a árvore. Sinta cada parte de seu corpo se expandir suavemente e se contrair, conforme você inspira e expira de modo natural, suave e calmo. Sinta que não existe diferença entre você e a árvore.

4 Sente-se com as costas contra o tronco da árvore e feche os olhos. Imagine que o tronco é a sua própria coluna e que através dele uma tremenda energia está sendo transmitida para seu corpo. Continue enquanto se sentir confortável.

5 Agora retorne mentalmente ao seu próprio corpo e agradeça à sua árvore escolhida pelo apoio.

A CURA POR MEIO DA ENTOAÇÃO

A entoação é um enfoque poderoso para curar a si mesmo com o uso da voz. É uma meditação vocal de cura que pode ajudar você a liberar sua voz natural e conectar-se com as vibrações do seu corpo.

Benefícios

- Libera a tensão
- Eleva o espírito
- Cura o corpo

Ao entoar, você "canta" tons vocalizados e sustentados que ressoam em seu corpo. Por meio da entoação, você faz vibrar e estimula todo o seu sistema físico. Você literalmente tonifica seu corpo, o que ajuda a regular o fluxo sanguíneo, aumenta a oxigenação e cura o sistema nervoso, as glândulas e os órgãos.

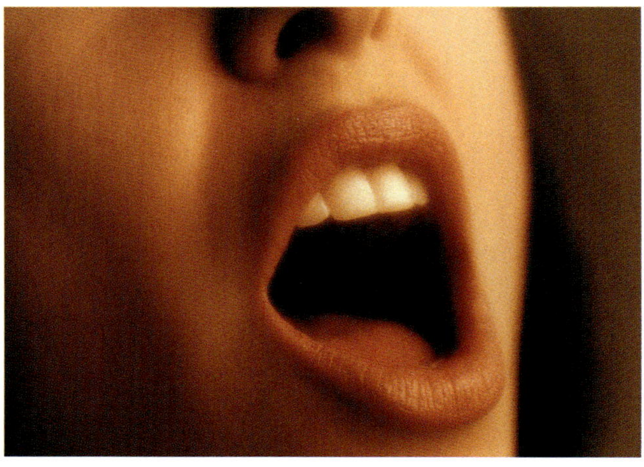

Meditação

Quando

Pratique a entoação quando quiser energizar ou curar o corpo e o espírito.

Preparação

Encontre um local no qual possa estar só e longe do alcance da voz dos outros.

Prática

1 Em pé, com os pés bem assentados no chão, ombros e braços relaxados. Comece a cantar com lábios fechados no seu centro: no baixo-ventre ou na área do coração. Aos poucos sinta que a entoação se expande pelo corpo todo. Envie o som para seus ossos, músculos e órgãos internos.

2 Deixe que sua entoação se abra aos poucos num som ou tom em plena voz e continue a senti-lo ressoando no corpo todo.

3 Pergunte o que precisa ser curado. Visualize quaisquer toxinas sendo expelidas pelos pés. Continue a entoar em qualquer área do corpo que precisa ser liberada ou curada. Emita o som que quiser. Deixe que eles surjam de modo espontâneo. Imagine que sua entoação está conectada com todo o universo.

4 Quando se sentir pronto, termine sua meditação. Permaneça quieto por um momento e afirme que seu corpo está completamente curado e rejuvenescido.

O BOM PARTO

Se você estiver grávida, vai querer se preparar para o parto do seu filho mental, emocional, física e espiritualmente. Esta meditação ajudará tanto você como seu bebê.

Benefícios

- Ajuda você a visualizar um parto saudável
- Incentiva o autocuidado
- Beneficia a criança em seu útero

Meditação

Quando

Pratique esta meditação durante toda a sua gravidez.

Preparação

Passe algum tempo escrevendo sobre o motivo pelo qual você quis esse bebê e que tipo de mãe você gostaria de ser.

Prática

1 Estenda-se em sua cama ou num tapete no chão. Busque o seu conforto como for possível, com travesseiros sob as costas ou joelhos. Respire normalmente 20 vezes, acalmando qualquer ansiedade que surja.

2 Coloque as mãos na parte inferior do abdômen e conecte-se mental e emocionalmente com a criança que cresce dentro de você. Visualize esse minúsculo corpo e respire mentalmente dentro dele, enviando paz e calma, de modo que ela cresça forte e saudável. Veja sua criança serena, bela e alegre.

Se você está dando à luz pela primeira vez, talvez tenha medo das dores do parto ou de ser mãe de primeira viagem. Se você já é mãe, a sua preocupação pode ser sobre o stress de cuidar de mais um filho. Quer você seja mãe de primeira viagem ou não, a meditação pode intensificar a sua experiência da gravidez e do parto. Quando medita, você não apenas acalma e centra a si mesma mas também passa essa sensação de bem-estar através da placenta e por meio da ressonância simpática com seu bebê. Você também pode usar a meditação para se comunicar conscientemente com o bebê.

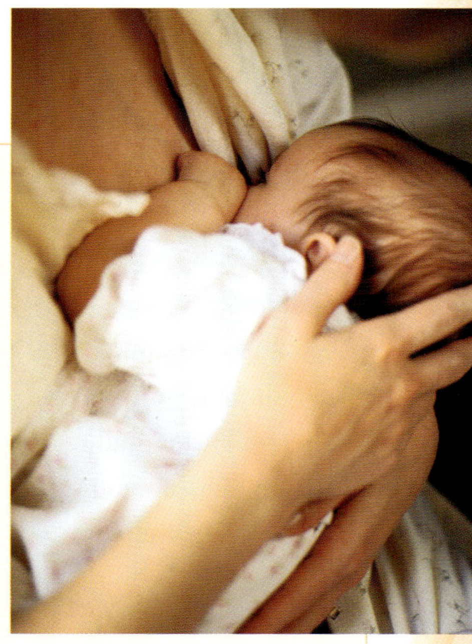

Diga à sua criança que ela é sagrada e que tem um lugar importante no universo.

3 Visualize o parto ocorrendo muito suavemente, sem nenhuma dificuldade. Imagine que está segurando seu bebê recém-nascido nos braços e se apaixonando imediatamente. Comprometa-se mentalmente a ser a melhor mãe que puder para essa criança.

4 Volte a observar sua respiração. Relaxe profundamente. Quando estiver pronta, termine a sua meditação.

QUATRO PODERES

Os budistas tibetanos têm uma meditação maravilhosa para avaliar as suas ações e purificar qualquer negatividade que você possa ter causado. Eis uma versão simplificada dos quatro poderes.

Benefícios

- Ajuda você a manter contato com as ações positivas e negativas
- Purifica as ações negativas
- Revitaliza a sua prática meditativa

Os mestres budistas dirão a você que todas as pessoas geram karma negativo todos os dias. É uma realidade inevitável da condição humana. Por exemplo, você pode ter dito a alguém uma pequena "mentira inocente", ou pode ter feito algo mais prejudicial como enganar um cliente e tirar seu dinheiro. Essas ações negativas, sejam insignificantes ou mais sérias, produzem karma negativo e se beneficiam da purificação diariamente.

Meditação

Quando

É melhor fazer esta meditação no final de cada dia, antes de ir para a cama, mas se isso não for possível, faça com a maior frequência que puder.

Preparação

Reveja o seu dia.

Prática

1 Pense nas ações negativas que você cometeu e em qualquer pessoa que você possa ter magoado, de forma direta ou indireta. Considere desde o ato mais insignificante até o mais grave. Crie um sentimento de compaixão pelas pessoas que você prejudicou.

2 Crie um sentimento sincero de arrependimento. Não se trata de uma culpa insensata ou autorrecriminação. Simplesmente reconheça que suas ações negativas foram insensatas para você mesmo e para os outros.

3 Prometa não repetir essas ações negativas. É bom prometer evitar um comportamento negativo por um tempo específico, ou ao menos prometer fazer um esforço para evitar repeti-lo.

4 Comprometa-se com uma ação que você poderá fazer no futuro como um antídoto para a sua negatividade. Quem sabe fazer algo positivo para alguém que você prejudicou. Você pode usar qualquer ação positiva com uma boa motivação; ela não precisa envolver a pessoa que você prejudicou. Por exemplo, você pode ler um texto religioso como inspiração para ajudar você a viver uma vida mais positiva.

5 Depois de ter completado os "quatro poderes, termine sua meditação afirmando que você purificou a sua negatividade em relação ao dia que passou.

FAZENDO REPARAÇÕES

Uma maneira de limpar a casa mentalmente e libertar-se da bagagem do passado é fazer reparações em relação às pessoas que você pode ter prejudicado. Expressar sinceramente o seu arrependimento vai aliviar sua mente e seu coração e, possivelmente, curar seus relacionamentos.

Benefícios

- Promove a cura psicológica
- Dissolve a raiva
- Incentiva a responsabilidade pessoal

A carga psicológica do arrependimento não expresso pode cobrar um preço do seu corpo e do seu bem-estar psicológico. Para curar o corpo e a mente, considere fazer reparações por atos passados prejudiciais. Se você sentir que é apropriado, expresse o arrependimento diretamente à pessoa que você prejudicou. Se sentir que criará mais negatividade se entrar em contato com ela, "confesse" e expresse seu arrependimento a uma pessoa em quem você confia. A meditação a seguir ajudará você a se preparar para qualquer uma das alternativas.

Meditação

Quando

Faça esta meditação caso você se sinta oprimido pela culpa e remorso por ter prejudicado outras pessoas no passado.

Preparação

Faça uma lista das pessoas que você prejudicou, o que você fez para causar mal a elas e a sua motivação para fazê-lo. Por exemplo, você pode ter usado um caso seu com seu supervisor no trabalho para obter uma promoção. Seja destemido e completo em seu inventário.

Prática

1 Sente-se numa almofada ou cadeira em frente ao seu altar ou espaço sagrado. Acenda uma vela. Se acreditar em Deus ou num poder superior, peça-Lhe orientação e coragem para o que planeja fazer.

2 Traga à mente as pessoas que você prejudicou, o que você fez para causar mal a elas e porque fez isso. Sinta um arrependimento sincero pelo que fez.

3 Escreva uma carta a uma pessoa que você prejudicou e conte-lhe como e por que você lhe causou mal. Expresse o seu arrependimento e peça perdão.

4 Depois de ter escrito a carta, visualize o seu poder superior sorrindo para você enquanto observa com amor e compaixão. Sinta o calor de Sua aceitação e apoio pela reparação com a pessoa que você prejudicou.

5 Decida se você vai entrar em contato com a pessoa ou se basta a sua carta. Após ter tomado a decisão sinta sua culpa se evaporar. Crie bons desejos, amor e compaixão pela pessoa. Termine sua sessão de meditação.

SAVASANA

Uma das posturas de yoga mais curativas e revigorantes é chamada de *savasana* ou "postura do cadáver". É a postura do relaxamento completo e pode ser usada como uma meditação de cura para o corpo e a mente.

Benefícios

- Permite que você relaxe completamente
- Proporciona uma postura alternativa para a meditação da respiração
- Rejuvenesce o corpo e a mente

Praticar esta postura revelará quanto stress e tensão você carrega em seu corpo na vida diária. Considera-se que ela estimula a circulação sanguínea, exercita os órgãos internos e alivia a fadiga, o nervosismo, a asma, a constipação, o diabetes, a indigestão e a insônia.

Meditação

Quando

Pratique esta meditação revitalizadora sempre que se sentir fatigado.

Preparação

Pegue um tapete para yoga, um cobertor e um travesseiro extra para colocar sob os joelhos.

Prática

1 Deite-se de costas no tapete, onde você não seja perturbado. Coloque um travesseiro sob os joelhos e cubra-se com o cobertor. Deixe os braços relaxarem, palmas para cima, ao lado do corpo. Mantenha os calcanhares levemente separados. Respire devagar e de modo profundo, sentindo um relaxamento calmo percorrer todo seu corpo.

2 Lentamente inspire pelas narinas e tensione tornozelos, pés e dedos. Segure a respiração enquanto contrai os músculos. Expire e relaxe. Devagar inspire e contraia as patelas, panturrilhas, tornozelos, pés e dedos. Segure e contraia. Expire e relaxe.

3 Lentamente inspire, contraindo todos os músculos do abdômen, área pélvica, coxas, patelas, panturrilhas tornozelos, pés e dedos. Segure a respiração e contraia os músculos. Expire e relaxe.

4 Inspire. Tensione o pescoço, ombros braços e cotovelos, pulsos, mãos e dedos, músculos peitorais, até os artelhos. Segure e tensione. Expire e relaxe. Inspire e contraia o couro cabeludo e os músculos da face. Contraia a língua, comprima a garganta, e contraia o corpo inteiro. Agora deixe seu stress e tensão dissolverem-se no chão.

5 Medite observando a respiração por mais 5 minutos.

CIRURGIA

Você quer estar no melhor espaço mental possível quando passar por uma cirurgia. Esta meditação ajudará você a se preparar.

Benefícios

- Acalma a ansiedade
- Melhora o estado mental antes da cirurgia
- Promove um bom resultado

Meditação

Quando

Se você tiver uma cirurgia marcada, pratique esta meditação todos os dias, muitas vezes ao dia, até o dia da cirurgia.

Preparação

Mantenha um diário nos dias que antecedem a cirurgia, escrevendo seus pensamentos, medos e esperanças de recuperação.

Prática

1 Se for possível para você, sente-se numa almofada de meditação ou cadeira. Se não, pode fazer a prática reclinado na cama. Comece acompanhando a sua respiração por 10 minutos. Respire profundamente no baixo-ventre.

2 Visualize a parte do corpo que requer a cirurgia. Veja a doença ou lesão que precisa de reparo. Visualize uma luz curativa impregnando toda essa área, dando início ao processo de cura mesmo antes de ocorrer a cirurgia.

Se você estiver ansioso e preocupado nos dias que antecedem a cirurgia, esta meditação pode ajudar, acalmando sua mente e utilizando a visualização para promover uma experiência positiva. Uma mente calma melhora seu sistema imunológico e suas chances de recuperação. Se as imagens mentais não forem adequadas para você, sinta-se livre para mudá-las, para servir às suas necessidades.

3 A seguir, veja seu cirurgião como um cavaleiro branco empunhando sua espada, vencendo a doença que está causando a você tanta aflição. Visualize seu corpo banhado numa luz de cura enquanto o cirurgião habilmente termina seu trabalho.

4 Imagine a si mesmo depois da cirurgia, forte e capaz de lidar bem com qualquer desconforto, porque seu corpo está no caminho da recuperação e da vitalidade. Permaneça com essa imagem e sensação, por quanto tempo quiser e quando estiver pronto, termine a meditação.

SORRISO INTERIOR

O "sorriso interior" é um recurso suave usado pelos praticantes taoistas para melhorar a saúde e o bem-estar. Ele ajuda você a dar ao seu corpo interno a atenção amorosa que ele merece.

Benefícios

- Promove a consciência de seu corpo e órgãos internos
- Previne doenças
- Promove a cura

Meditação

Quando

Pratique o sorriso interior a qualquer momento, em qualquer parte, diariamente. Espere uma hora após se alimentar para iniciar a sua meditação.

Preparação

Leia um livro de anatomia para entender onde se localizam seus órgãos no corpo.

Prática

1 Sente-se confortavelmente na beira da cadeira com os pés inteiros no chão. Visualize uma fonte de energia sorridente a cerca de um metro à sua frente. Pode ser uma imagem de sua própria face sorridente ou de alguém que você ama e respeita.

2 Deixe a energia sorridente se acumular entre suas sobrancelhas. Permita que ela flua desde o meio das sobrancelhas por sua face e desça até seu pescoço. Deixe que ela flua para a glândula timo, que está localizada atrás do esterno. Visualize-o brilhando com uma saúde vibrante.

3 Sinta a corrente de energia sorridente descer até seu coração. Deixe que ela alivie a tensão armazenada. Irradie o amor de seu coração até os pulmões. Sinta seus pulmões respirarem com facilidade. Agora sorria dentro do seu fígado, do lado direito, logo abaixo da caixa torácica. Se seu fígado estiver duro, suavize-o com seu sorriso.

4 Deixe que a energia sorridente flua através do abdômen até o pâncreas, que está localizado dentro da parte inferior esquerda da caixa torácica. Agradeça pelo trabalho dele e veja se ele está saudável e funciona com facilidade.

5 Siga para a esquerda, sorria para o seu baço. Agradeça pelo trabalho difícil dele. Dirija o sorriso para os seus rins, na parte inferior das costas, logo abaixo da caixa torácica, em cada lado da coluna. As glândulas suprarrenais em cima deles. Sorria para as suas suprarrenais e talvez você sinta uma explosão de adrenalina. Finalmente, envie a energia sorridente para o trato urinário, a bexiga, a uretra e os genitais.

6 Finalize armazenando a energia sorridente na área do umbigo, cerca de 3 cm para dentro de seu corpo.

TARA I

Esta linda meditação é a primeira de três baseadas numa meditação budista tibetana em Tara, a manifestação feminina do Buda. Isso ajudará você a se curar do medo em suas muitas formas.

Benefícios

- Cura você do medo
- Promove compaixão por si mesmo
- Reduz as emoções negativas

Você talvez pense que o medo é simplesmente o estado de estar amedrontado. Por exemplo, se seu filho pequeno corre à sua frente numa rua movimentada, você sentirá medo. Mas com frequência, o medo é o estado mental emocional que existe na raiz de suas emoções negativas. Os budistas tibetanos meditam no Buda feminino, Tara, para ajudar a transformar esses estados emocionais negativos. Você não precisa ser budista para praticar esta meditação.

Meditação

Quando

Faça esta meditação quando quiser chegar na raiz de suas emoções perturbadoras.

Preparação

Pense sobre como o medo pode ser a causa de suas emoções difíceis.

Prática

1 Sente-se numa almofada ou cadeira na postura de meditação. Inspire profundamente e expire devagar dez vezes para focar e concentrar sua mente. Agora visualize um belo Buda feminino sentado na postura de meditação à sua frente. Note que ele é muito gentil, compassivo e paciente. Peça-lhe para ajudar a eliminar seus medos que se manifestam na forma de emoções negativas.

2 Se, devido ao medo de ser abandonado você está controlando seus seres amados, peça a Tara para que você seja capaz de praticar o amor incondicional. Se você tem medo que se manifesta em raiva porque teme ser prejudicado ou que se aproveitem de você, peça a Tara para ajudar você a se sentir mais confiante em sua capacidade de tomar conta de si mesmo e ser mais paciente e tolerante com os outros.

3 Se seu medo se manifesta como inveja, peça a Tara para ajudar você a se alegrar com a felicidade dos outros. Se seu medo faz você ser avaro e afastar a si mesmo ou as suas posses dos outros, peça a Tara para ajudar você a ser mais generoso.

4 Visualize Tara concedendo os seus desejos. Veja-a como sendo disponível em todos os momentos para ajudar e apoiar você a levar uma vida mais compassiva.

TARA II

Nesta segunda meditação no Buda feminino, Tara, você medita nela para pedir proteção.

Benefícios

- Ajuda a estabelecer limites saudáveis
- Proporciona proteção e apoio
- Incentiva o crescimento pessoal

Meditação

Quando

Faça esta meditação se estiver se sentindo desprotegido e sobrecarregado.

Preparação

Passe um tempo observando as cores na natureza. Aprecie as cores brilhantes das flores e os matizes mais sutis numa floresta.

Prática

1 Sente-se numa almofada ou cadeira na postura de meditação. Agora visualize um lindo Buda feminino sentado em meditação à sua frente. Imagine uma bela luz branca translúcida vinda de dentro do coração de Tara. Deixe ela engolfar você e entrar em seu coração. A partir de seus dois corações, a luz se irradia para fora, para formar um escudo oval que se amplia cerca de um 1,5 metro desde o seu corpo para todas as direções. Imagine que esse escudo traz paz à sua vida e aos seus relacionamentos.

2 Visualize uma luz amarelo-dourada vinda do coração de Tara. Ela entra em você e se amplia para fora formando outro escudo de cerca de um 1,5 metro além do escudo branco, protegendo você e ajudando a rejuvenescer sua saúde física.

3 Agora visualize uma luz vermelho-alaranjada que vem do coração de Tara para o seu e então crie outro escudo que se estende além do branco e do amarelo. Ele o ajudará a desenvolver o poder de ser eficaz em seu trabalho, família e vida espiritual.

4 Visualize uma luz azul brilhante vinda do coração de Tara criando outro escudo como antes. Esse escudo ajuda você a estabelecer limites saudáveis em sua vida pessoal e profissional.

5 A luz do coração de Tara agora se torna um verde maravilhoso e cria outro escudo ainda além dos outros que você já criou. Esse escudo verde ajuda você a desempenhar as inúmeras atividades em sua vida.

6 Visualize a luz do coração de Tara tornar-se da cor de ferrugem, criando o escudo final. Esse escudo estabiliza os outros e os faz funcionar. Sinta a bênção de Tara e agradeça-lhe por sua ajuda. Saiba que você pode seguir na vida com energia, confiança e proteção renovadas.

TARA III

Nesta terceira meditação sobre o Buda feminino Tara, você medita para curar os elementos que constituem seu corpo.

Benefícios

- Cura o seu corpo físico
- Fortalece os elementos que constituem o seu corpo
- Promove a longevidade

Meditação

Quando

Pratique esta terceira versão da meditação da Tara Branca se você estiver doente ou quiser evitar doenças.

Preparação

Abra-se para a ideia tibetana de que seu corpo é constituído por cinco elementos – Terra, Água, Fogo, Ar e Espaço.

Prática

1 Sente-se em sua almofada de meditação ou cadeira. Agora visualize um lindo Buda feminino sentado na postura de meditação à sua frente. Peça-lhe que você seja curado de doença ou desequilíbrio em seu corpo.

2 Visualize uma luz dourada fluindo do coração de Tara, estendendo-se pelo universo reunindo todas as energias da Terra que retornam ao coração dela. O corpo dela fica repleto de luz dourada. Do coração dela essa luz dourada jorra para o seu coração. Seu corpo fica repleto com uma linda luz dourada, que cura todos os seus órgãos.

3 A luz do coração de Tara agora se torna branca, estende-se pelo universo e reúne todas as energias da água, e retorna ao coração dela. O corpo dela fica repleto de luz branca. Do coração dela, a luz branca jorra para o seu coração. O seu corpo fica repleto de luz branca e toda a umidade e fluidos que são encontrados em seu corpo são curados, equilibrados e revigorados.

4 Do mesmo modo, a luz do coração de Tara agora se torna vermelha, reunindo a energia de calor do universo. De seu coração vermelho, a luz vermelha jorra para o seu coração. Seu corpo fica repleto de luz vermelha, curando a sua digestão e todo e qualquer desequilíbrio que possa haver na temperatura corporal.

5 A luz que jorra do coração de Tara agora se torna verde, reunindo a energia do ar e retornando como acima. Do coração dela a luz verde jorra no seu coração. O seu corpo fica repleto de luz verde, curando qualquer doença respiratória.

6 Por fim, a luz que jorra do coração de Tara se torna azul-clara juntando as energias do espaço, que retornam ao coração dela. Deste, a luz azul-clara jorra para o seu coração. O seu corpo se torna repleto de azul- claro, curando os espaços em seu corpo que permitem que seus órgãos, células e outros sistemas funcionem eficazmente.

7 Finalize sua meditação afirmando que todos os seus elementos corporais foram curados e revigorados. Agradeça a Tara por sua ajuda e bênçãos.

NUTRIÇÃO

A obesidade está aumentando, assim como o desejo compulsivo por comida. Esta meditação ajuda você a curar as razões por trás dessa necessidade de comer demais e aprender modos melhores de nutrir seu corpo e alma.

Benefícios

- Ajuda a perder peso
- Ajuda a substituir a comida pela alimentação adequada
- Equilibra a relação com a comida

Você pode estar comendo demais porque não está se alimentando emocionalmente. Se você realmente precisa de amor e tem medo de dá-lo ou pedi-lo, pode estar comendo sorvete no lugar. Mas esse alimento é um pobre substituto do amor.

Meditação

Quando

Faça esta meditação semanalmente caso você tenha o problema de comer demais e excesso de peso.

Preparação

Escreva todas as maneiras pelas quais você não está sendo nutrido emocionalmente, seja por si mesmo ou pelos outros.

Prática

1 Sente-se numa almofada ou cadeira de espaldar reto num lugar tranquilo e privado. Acenda uma vela e um incenso, se quiser.

2 Traga à mente como você se sentia antes de comer demais pela última vez. Mesmo que tenha bloqueado esse sentimento naquele momento, pergunte a si mesmo o que estava sentindo. Se você estava triste, solitário, zangado ou temeroso, permita-se sentir a emoção novamente, ou talvez pela primeira vez. Vá fundo e investigue o que causou a emoção. Talvez o medo de nunca ter um companheiro; ou talvez aquele que você tem o deixa triste porque não se comunica com você. Pode ser uma dor de sua infância.

3 Agora imagine outros modos em que você poderia ter ajudado a si mesmo além de alimentar-se. Talvez você pudesse ter admitido seus sentimentos, escrito sobre eles em seu diário, tomado um banho quente ou escrito uma carta para seu parceiro pouco comunicativo para mostrar depois.

4 Sinta agora como você se sentiria se suas necessidades reais fossem satisfeitas. Respire fundo por alguns minutos, mantendo em mente esse sentimento. Finalize sua meditação quando estiver pronto.

PACIÊNCIA

A raiva é uma das emoções mais destrutivas para a sua saúde. Meditar em seu antídoto, a paciência, tornará sua vida mais agradável para você e para as pessoas à sua volta.

Benefícios

- Promove a paz em seus relacionamentos
- Incentiva a tolerância e a paciência com os outros
- Reduz o stress

No Budismo, paciência significa "tolerância" e se refere à qualidade de permanecer calmo em face da adversidade ou provocação. Especificamente, significa não ceder à sua raiva. A raiva é uma energia forte dentro de todos nós. Em termos do dia a dia, observe como você pode ficar irritado pelas coisas mais triviais, apesar do seu bom temperamento. O Buda recomendou lidar com a raiva por meio da meditação para nos tornarmos mais calmos, mais conscientes das emoções e mais amorosos em relação aos outros.

Meditação

Quando

Se você sentir que tem estado muito zangado ultimamente, faça esta meditação para ajudá-lo a aprender sobre a paciência.

Preparação

Pense nas situações que fizeram você sentir raiva recentemente, e o que causou a sua raiva.

Prática

1 Sente-se numa almofada ou cadeira em seu espaço de meditação. Pratique observar a respiração por 5 minutos para acalmar e focar seu corpo e mente.

2 Traga à mente a última vez que você sentiu raiva de alguém. Você ainda está com raiva? Se não, para onde foi a sua raiva? Pergunte a si mesmo se ficar bravo naquela situação o ajudou ou magoou. Pergunte-se se isso ajudou você a se tornar uma pessoa mais gentil e amorosa.

3 Pense em como você se sentiria se fosse capaz de dar àquela pessoa mais espaço para ser quem ela é, apesar do quanto ela deixou você irritado. Imagine-se fazendo isso agora. Sinta a paz que toma conta de você quando você relaxa e desiste da necessidade de brigar. Crie um desejo sincero para que aquela pessoa seja feliz e livre de sofrimento.

4 Volte ao presente. Observe sua respiração por mais 5 minutos e termine sua meditação.

A CRIANÇA INTERIOR

Alguns de nós nunca cresceram, não porque fôssemos pirralhos mimados, mas porque não tivemos cuidados paternos e maternos adequados. Esta meditação ajudará você a aprender a cuidar de si mesmo.

Benefícios

- Cura traumas familiares
- Promove o autocrescimento
- Fortalece o autorrespeito

Apesar de suas melhores intenções, seus pais podem ter tido dificuldades em ser pais. Talvez eles próprios tenham tido uma infância difícil. Esta meditação não diz respeito a atribuição de culpas. Em vez disso, trata-se de aprender a cuidar de si mesmo caso você não tenha aprendido essa habilidade quando era jovem.

Meditação

Quando

Esta é uma ótima meditação se você quiser aprender a cuidar melhor de si mesmo, tanto física quanto emocionalmente.

Preparação

Pegue um bloco de papel pautado e uma caneta.

Prática

1 Sente-se na postura de meditação num espaço tranquilo. Acenda uma vela ou incenso para ajudar você a se concentrar. Faça a meditação da consciência da respiração por alguns minutos para acalmar a mente.

2 Divida seu bloco de papel em duas colunas. Na parte superior, à esquerda, escreva "genitor" e do lado direito, "criança". Agora imagine que você é seu próprio pai ou mãe. Pergunte ao seu filho o que ele está sentindo e de que precisa nesse exato momento. Escreva isso na primeira coluna.

3 Mude seu estado mental e torne-se sua "criança interior". Desse lugar, responda ao seu "pai". Escreva tanto quanto quiser. Mude outra vez para a mente do genitor e responda à sua criança. Se seu filho está bravo com você como "pai/mãe", pergunte o que você pode fazer para cuidar dele. Se seu filho está triste, fale com ele para descobrir a raiz do problema. Faça esse diálogo por escrito por não mais que 20 minutos.

4 Como "genitor", diga ao seu filho que foi muito difícil para você cuidar dele, mas que você gostaria de ser um melhor pai ou mãe, e ter mais conversas como essa.

5 Termine sua meditação observando sua respiração por alguns minutos. Observe se você se sente mais calmo ou relaxado.

OS MELHORES PAIS

Ser pai ou mãe é a tarefa mais difícil e importante do planeta. Faça esta meditação para ajudar você a visualizar como ser um melhor pai ou mãe.

Benefícios

- Ajuda você a ser o melhor pai/mãe que puder
- Incentiva a pensar nos cuidados parentais
- Promove um relacionamento mais fácil com seus filhos

Até recentemente, os cuidados parentais eram um assunto comunitário. As famílias estendidas aliviavam a pressão quando você precisava de um tempo em relação ao seu filho de 2 anos, ou àquele adolescente rebelde. Agora, há uma grande solicitação em relação às mães e pais que cuidam dos filhos sem a ajuda das tias, tios, primos ou avós vivendo por perto. A prática desta meditação ajudará você a manifestar o pai ou mãe que você gostaria de ser diariamente.

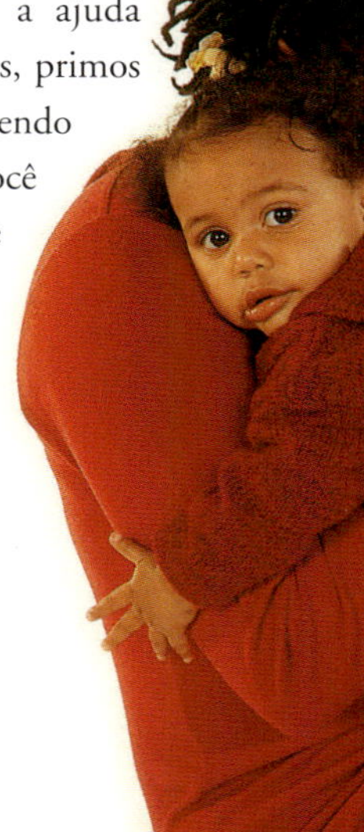

Meditação

Quando

Se você for pai ou mãe, pratique esta meditação semanalmente.

Preparação

Reserve meia hora para ficar sozinho. Traga uma oferenda de algo como frutas ou flores para seu espaço de meditação.

Prática

1 Sente-se em sua almofada de meditação ou cadeira. Se tiver um altar, acenda uma vela. Ofereça uma flor ou fruta para o seu poder superior. Faça uma conexão mental com seu poder superior. Se não acreditar num poder superior e não tiver um altar, faça uma oferenda mental à parte mais nobre e melhor de si mesmo.

2 Traga à mente as qualidades que você gostaria de ter como pai ou mãe. Sua lista talvez inclua a disponibilidade emocional, o apoio e consolo sem julgamentos, ou a capacidade de brincar com eles. Talvez queira ser capaz de estabelecer limites adequados ou saber quando protegê-los e quando encorajá-los a se arriscar. Mesmo que você não tenha as habilidades que deseja, visualize que isso é verdade.

3 Peça ao seu poder superior para ajudar você a se tornar o genitor que gostaria de ser. Imagine o seu poder superior sorrindo para você, aceitando você como o pai ou mãe que é agora e oferecendo apoio e estímulo para ser o melhor pai que você puder.

4 Finalize a meditação sentando-se em silêncio por alguns minutos, apreciando a paz e a quietude.

O CUIDADOR

Se você cuida de alguém gravemente doente, esta meditação irá ajudar você a cuidar de si mesmo, para que possa cuidar melhor da pessoa amada. Se você for um cuidador profissional, essa prática é boa para você também.

Benefícios

- Revigora você para esse trabalho difícil
- Ajuda a estabelecer limites
- Ajuda a processar emoções

Meditação

Quando

Pratique esta meditação sempre que estiver se sentindo sobrecarregado por suas responsabilidades de cuidador.

Preparação

Reconheça como você está se sentindo. Libere qualquer culpa por estar dedicando tempo a si mesmo.

Prática

1 Deite-se num tapete no chão ou estenda-se em sua cama. Coloque ambas as mãos sobre o coração. Respire na área do coração por alguns minutos. Relaxe tanto quanto puder.

2 Em silêncio, reconheça as qualidades que você aprecia em si mesmo. Reconheça que você é uma pessoa muito responsável e compreensiva. Você tem a capacidade de sentir profundamente a dor ou a necessidade das outras pessoas.

Deixar as suas necessidades de lado, perder seus limites pessoais e ceder à negligência, exaustão, apatia e até depressão, esses são perigos potenciais para qualquer cuidador. Esta meditação pode ajudar a aliviar o stress de sua atividade de cuidar e a estar à altura desse trabalho difícil.

3 Admita seus outros pontos fortes e as contribuições que você faz para a pessoa amada ou seus pacientes caso você seja um profissional de saúde. Certifique-se de reconhecer o amor que você deu e recebeu.

4 Sinta a energia em torno da área do seu coração expandir-se e encher seu corpo todo. Permaneça nessa posição tanto tempo quanto desejar e depois finalize sua meditação.

YONI

Yoni é uma palavra sânscrita que significa "útero", "morada" ou "fonte". Esta meditação ajudará você a curar-se da violação e abuso sexual que você sofreu, e permitirá que você desenvolva um relacionamento positivo com seu corpo e sua sexualidade.

Benefícios

- Ajuda você a curar-se da violação sexual
- Cria sentimentos positivos acerca da sexualidade
- Fortalece os limites saudáveis

Se você sofreu abuso sexual, provavelmente tem questões não resolvidas com a vergonha. Você pode ter desenvolvido sentimentos negativos acerca do seu corpo e sua sexualidade. A meditação pode ajudá-la em sua trajetória para a recuperação.

Meditação

Quando

Medite sempre que quiser ajudar seu processo de cura.

Preparação

Escreva três páginas em seu diário sobre seu corpo e seus sentimentos em relação a ele.

Prática

1 Deite-se num tapete para yoga no chão. Cubra-se com um cobertor leve. Imagine que você está fazendo uma viagem para um lindo templo de uma Deusa em outro lugar e em outro tempo.

2 Quando chega ao templo, uma sacerdotisa o saúda. Ela conta como a porta do templo, que é a vulva simbólica da Deusa, foi danificada na última invasão. Embora a porta tenha sido substituída, há um dano espiritual a ser curado. Ela chama você para ajudá-la, porque todas as mulheres são feitas à imagem da Deusa e têm as suas próprias Portas de Entrada Sagradas.

3 Ela pede que você ponha suas mãos em seu próprio corpo e pense no cuidado e gentileza com que você gostaria que sua própria porta fosse aberta. Ela vai até a porta do templo e reza para a Deusa com as palavras: "Eu amo você, por favor me deixe entrar".

4 De repente, a porta do templo se abre um pouco e você consegue ver a luz brilhando e sentir o aroma de incenso. Você entra e observa a Deusa. Você se aproxima dela e conta-lhe sobre sua mais profunda vergonha. Ela recebe a sua vergonha com amor e a queima num fogo ritual. Quando deixa o santuário, você sabe que recebeu uma cura que tocou fundo em você e que vai desabrochar e se manifestar no tempo certo.

DEIXAR PARA TRÁS, SEGUIR EM FRENTE

Benefícios

- Ajuda você a ter a coragem de deixar para trás
- Fortalece a autoestima
- Incentiva o amor e o respeito durante a separação

Às vezes é necessário terminar a sua relação amorosa. Essa separação é difícil e dolorosa, quer você a deseje ou não. Esta meditação ajudará você a atravessar esse período.

É preciso coragem para se separar de alguém de quem você um dia desejou nunca se separar. Você pode ter estado profundamente apaixonado em certa época; contudo, agora talvez você sinta raiva, mágoa, desapontamento e desilusão. É natural querer insistir, porque talvez você não queira enfrentar a solidão, mas o seu eu superior sabe que é hora de partir. Deixe que a meditação apoie você durante essa transição.

Meditação

Quando

Pratique quando sua decisão de terminar uma relação for insegura, mesmo que você saiba que deve fazer isso. Faça esta meditação para ajudar a deixar para trás e seguir em frente.

Preparação

Encontre um local para meditar distante da pessoa de quem você tem intenção de se separar.

Prática

1 Sente-se na postura de meditação na almofada ou cadeira. Medite observando sua respiração por 5 minutos. Tente acalmar a mente caso você tenha estado perturbado emocionalmente.

2 Visualize a pessoa que você está deixando à sua frente. Diga-lhe porque você ficou atraído por ela no início e que qualidades da pessoa você admirava na época. Relembre três momentos maravilhosos que vocês tiveram juntos. Agradeça a ela pelos momentos maravilhosos que vocês compartilharam.

3 Não discuta a sua raiva nem expresse qualquer negatividade. Em vez disso, gere o desejo de que e ela seja feliz no futuro. Diga-lhe que será difícil esquecer a relação de vocês, mas que você deve seguir adiante pelo seu próprio bem. Imagine que seu parceiro concorda em deixar você ir e lhe deseja o bem.

4 Se você sentir vontade de chorar, faça isso. Sinta-se fortalecido e nutrido por sua própria energia positiva e amorosa. Termine sua meditação observando sua respiração durante 5 minutos.

ALEGRANDO-SE

É possível que você perceba que, quando o seu melhor amigo consegue um excelente trabalho, você não fica feliz por ele. Na verdade, talvez você sinta inveja. Esta meditação ajuda você a transformar sentimentos negativos em positivos.

Benefícios

- Ajuda você a transformar a inveja em verdadeira alegria
- Abre seu coração
- Melhora seus relacionamentos

Pode parecer difícil alegrar-se quando uma outra pessoa consegue o trabalho que você queria, ou quando seus vizinhos rabugentos ganham na loteria, mas é muito melhor do que sentir inveja.

Meditação

Quando

Faça esta meditação quando se sentir dominado pela inveja da boa sorte de outra pessoa.

Preparação

Se estiver com inveja de alguma coisa, admita isso para si mesmo. Escreva um parágrafo sobre o motivo da inveja.

Prática

1 Sente-se numa almofada ou cadeira em frente ao seu altar, se tiver um, ou em seu espaço sagrado.

2 Pense sobre a situação que causa inveja em você. Sente-se possessivo em relação às afeições românticas de seu parceiro? Está com inveja porque um amigo recebeu uma herança fantástica? O que causa inveja em você?

3 Pergunte a si mesmo se a inveja realmente está servindo a você. Ela ajuda você a obter o que quer? Fortalece você? A coisa ou situação que você inveja realmente faria você tão feliz? A sua felicidade duraria? Por que a boa sorte de um amigo faz você se sentir mal em relação a si mesmo?

4 Escolha uma situação na qual você tem ou teve muita inveja de um amigo ou companheiro de trabalho. Agora alegre-se com a boa sorte da pessoa. Gere um sentimento genuíno de generosidade em relação a ela e deseje-lhe tudo de bom. Sinta seu autocentramento diminuir e seu coração se abrir. Perceba que quando você se alegra com a boa sorte de seu amigo você se sente livre e feliz. Você pode se sentir só e isolado, mas não está.

5 Termine sua meditação gerando um sentimento de compaixão por si mesmo e por outros que lutam com a inveja. Comprometa-se a alegrar-se sempre que sentir a inveja surgindo.

ESPÍRITO CURA ESPÍRITO

Se você tiver um problema com abuso de álcool, a cura envolve mais do que manter distância das bebidas. Você precisa nutrir sua alma e conectar-se novamente com sua vida espiritual. Esta meditação vai dar a você alguma ajuda em seu caminho.

Benefícios

- Apoia a recuperação do vício do álcool
- Cura seu espírito
- Incentiva você a confiar num caminho espiritual

Bill Wilson, o fundador dos Alcoólicos Anônimos (AA), atribui a Carl Jung a descoberta da experiência espiritual como uma cura para o alcoolismo. Os três primeiros passos do Programa de Doze Passos do AA são os seguintes: 1. Admitimos que somos impotentes perante o álcool – que perdemos o domínio sobre nossa vida; 2. Acreditamos que um Poder superior a nós mesmos pode devolver-nos à sanidade; 3. Decidimos entregar nossa vontade e nossa vida aos cuidados de Deus, na forma em que O [ou A] concebemos. A meditação seguinte é inspirada no terceiro passo.

Meditação

Quando

Se você tem dificuldades para usar a força de vontade para parar de beber, use esta meditação para atrair seu poder superior para terminar com o seu vício.

Preparação

Avalie a sua questão com a bebida e o quanto ela está prejudicando você.

Prática

1 Sente-se numa almofada ou cadeira no seu espaço de meditação. Acenda uma vela. Concentre-se em sua respiração por 5 minutos para acalmar e esvaziar a sua mente.

2 Visualize uma luz cálida e amorosa em torno da área do coração. Sinta essa área mais suave e aberta.

3 Visualize seu poder superior sentado à sua frente. Ofereça uma oração a ele. Peça ajuda em sua jornada para superar o vício do álcool. Reze para que sua visão seja expandida além do mundo material, para incluir os domínios espiritual e sagrado da realidade. Por fim, peça para que você seja capaz de manter a compaixão por si mesmo durante essa difícil jornada.

4 Termine sua meditação visualizando seu poder superior estabelecido no seu coração.

ÓRBITA MICROCÓSMICA

Esta meditação taoista pouco conhecida, chamada de "Órbita Microcósmica", é um modo excelente de curar seus órgãos e manter a boa saúde.

Benefícios

- Mantém seus sistemas de órgãos equilibrados
- Promove a cura de doenças ou enfermidades
- Previne as doenças

A meditação da Órbita Microcósmica é baseada no sistema de meridianos chineses de canais de energia em nosso corpo. A energia interna é circulada pela "órbita" formada pelo meridiano do Vaso Governador, que viaja desde o períneo até a cabeça, e o meridiano do Vaso da Concepção, que viaja desde a sua cabeça de volta ao períneo. Os taoistas acreditam que esta meditação preenche os Vasos Governador e da Concepção com energia, que é então distribuída através dos meridianos do órgão para todos os seus órgãos principais, energizando-os e revigorando-os.

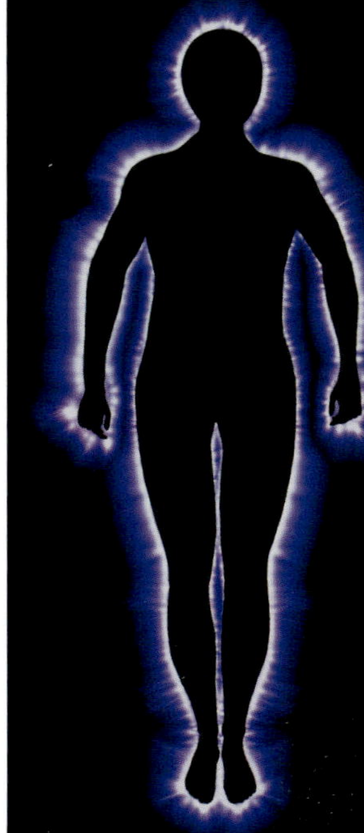

Meditação

Quando

Pratique a qualquer hora para manter a energia fluindo suavemente no corpo.

Preparação

Leia a meditação antes de fazê-la para ter uma noção do percurso da órbita.

Prática

1 Sente-se numa cadeira de espaldar reto com os pés apoiados no chão. Acalme sua mente e regule sua respiração. Quando sua mente estiver estável, volte sua atenção para o umbigo. Visualize uma bolsa de energia brilhando na região umbilical. Se for possível, tente sentir a energia. Use sua mente para guiá-lo para baixo até o períneo e de volta para cima através do cóccix.

2 Quando você sentir que a energia passou por essa região, visualize-a subindo até onde as costelas encontram a coluna. Agora, visualize-a viajando para cima até a base do crânio.

3 Quando a energia atravessar esse ponto, pressione a língua contra o palato. A seguir, visualize a energia alcançando o topo da cabeça. Depois foque a atenção no ponto entre as sobrancelhas e puxe a energia para baixo desde a cabeça e para fora através do ponto entre as sobrancelhas.

4 Deixe a energia afundar através do ponto entre as sobrancelhas, do palato e da língua, até sua garganta, chegando no coração. Puxe-a para baixo através do plexo solar até a área do umbigo novamente. Repita o ciclo quantas vezes quiser.

5 Termine sua meditação afirmando que seus órgãos foram curados e revitalizados.

MOVIMENTE-SE

MEDITAÇÕES EM MOVIMENTO

A meditação pode ser mais do que sentar-se numa almofada. Os praticantes espirituais de todas as culturas e de todas as tradições fizeram uso da meditação sentada para melhorar a vida e aprofundar a consciência. Mas você não precisa ficar sentado para meditar. Artistas marciais, especialmente os praticantes de T'ai Chi, consideram sua arte uma meditação em movimento. Os corredores e outros atletas descrevem experiências meditativas e despertar espiritual enquanto estão envolvidos com seus esportes. Como você será lembrado, a meditação não é apenas uma prática mental, ela é uma experiência do corpo e da mente. Se você envolve tanto o corpo quanto a mente, pode transformar qualquer coisa que fizer numa meditação. Se você for um iniciante na meditação e tem problemas com a posição sentada, experimente a meditação em movimento para ajudá-lo a começar. Faça experiências com essas maravilhosas alternativas à almofada.

Inicie com a meditação do "Labirinto", um exercício maravilhoso praticado no mundo todo desde os tempos antigos. Caminhar no labirinto ajuda você a chegar à essência de um problema, descobrir sua verdadeira natureza e equilibrar seu corpo e mente. Se você for um corredor, o "Modo do corredor" ajudará você a meditar durante a corrida da manhã e transformar sua rotina habitual.

Se você for um jardineiro, terá uma oportunidade de transformar a "Eliminação de ervas daninhas" numa fantástica prática meditativa para diminuir suas emoções negativas. A "Meditação zen caminhando" introduz você numa prática zen-budista de caminhar consciente chamada de *kinhin*.

Você já sentiu que entrou num outro plano enquanto dançava? Caso positivo, o "Transe na dança" é para você. Se você for audaz, experimente o "Dervixe rodopiante" para ter um gostinho da meditação de giro sufi. O famoso poeta místico Rumi inventou o giro como uma prática meditativa para centrar e abrir seu coração para o Divino. Se você já for praticante de yoga, provavelmente conhece a "Saudação ao sol", uma das sequências de yoga mais famosas e queridas. A natação é um dos esportes mais meditativos, portanto é própria para a meditação focada. Experimente "Nadando até a iluminação" se você quiser tirar o maior proveito desses circuitos. Quer uma casa limpa? Por que não usar a "Limpeza geral" para eliminar os pensamentos negativos enquanto você faz faxina?. "Esteira Ergométrica" ajuda você a combinar seus exercícios com a meditação da consciência da respiração, para duplicar o benefício de se exercitar.

LABIRINTO

A caminhada pelo labirinto era praticada na antiga Creta, no Egito, no Peru, na Índia e na Irlanda. Você caminha de forma meditativa por um percurso que corta para trás e para a frente através de uma série de curvas e espirais até que chega no centro.

Benefícios

- Ajuda você a encontrar o seu centro espiritual
- Traz mais profundidade à sua oração
- Ajuda você a resolver problemas

Se você procurar num mecanismo de busca da Web, poderá localizar labirintos no mundo todo. Muitas igrejas e centros de retiros têm labirintos permanentes em suas propriedades que são abertos ao público. Andar num labirinto ajuda você a conectar os hemisférios direito e esquerdo do cérebro, o que estimula o pensamento criativo e a solução de problemas. Enquanto percorre o caminho sinuoso do labirinto, você pode ganhar mais *insight* acerca de sua vida ou de um problema que está tentando resolver.

Meditação

Quando

Pratique andar no labirinto sempre que quiser entender melhor a si mesmo ou chegar à essência de qualquer questão.

Preparação

Localize um labirinto perto de você. Se não conseguir achar um, você pode meditar seguindo com o dedo o curso de um labirinto impresso.

Prática

1 Posicione-se na entrada do labirinto e concentre-se num problema ou preocupação. Por exemplo, talvez você tenha que decidir sobre um emprego.

2 Enquanto entra no labirinto e começa a andar, explore o que você pensa sobre o problema. À medida que se aprofunda no labirinto, passe a meditar nos seus sentimentos acerca do problema. Que emoções surgem?

3 Continue em direção ao centro perguntando como esse problema afeta seu mundo material, suas finanças ou sua saúde. Depois pergunte como esse problema afeta sua vida espiritual.

4 Quando chegar no centro, peça ajuda ao seu poder superior para resolver o problema. Mantenha-se em silêncio e veja o que emerge. Aceite isso sem julgamento. Se nada vier à mente, tenha paciência. Uma resposta pode chegar alguns dias mais tarde.

5 No caminho de volta para sair do labirinto, medite sobre alguma solução que tenha emergido. Se nada emergiu, concentre-se em colocar um pé à frente do outro. Quando alcançar a saída do labirinto, permaneça por um momento agradecendo ao seu poder superior pela ajuda com o seu problema.

MODO DO CORREDOR

Se você for um corredor, talvez já tenha vivenciado um estado meditativo enquanto corria. Use esta meditação para tornar a sua prática mais focada e consciente.

Benefícios

- Eleva a corrida a uma atividade espiritual
- Promove a atenção plena
- Reduz o stress e a depressão

Meditação

Quando

Medite sempre que correr sozinho.

Preparação

Tente estar no presente momento, atento a tudo que estiver à sua volta.

Prática

1 Comece a meditar enquanto você veste a camiseta, os *shorts* e os tênis de corrida. Faça isso com atenção, concentrando-se em cada tarefa.

2 Quando começar a correr, medite como você faria em "Observando sua respiração", nas pp. 50-1, exceto pelo fato de estar se movendo em vez de estar sentado numa almofada ou cadeira.

Os pesquisadores descobriram que tanto a corrida quanto a meditação têm um efeito positivo no seu humor. Os corredores e os meditadores vivenciam a elevação de um hormônio específico que aumenta o bem-estar. Se você tem um trabalho sedentário, talvez sentado em frente à tela de um computador na maior parte do dia, precisa se movimentar quando não estiver trabalhando. Se você for um corredor, por que não combinar corrida e meditação para duplicar os benefícios?

3 Agora solte a concentração na respiração e concentre-se no ato de correr. Tente não se envolver com os pensamentos; quando isso acontecer, simplesmente retorne seu foco à corrida. Comece a sentir o corpo, a mente e a alma funcionando em conjunto como uma só unidade. Mantenha-se no momento presente, muito consciente de todas as coisas à sua volta.

4 Quando terminar sua corrida, tire os tênis e as meias e pise descalço na grama. Sinta-se conectado à Terra e estável em seu corpo. Continue consciente do momento presente durante todo o dia.

ELIMINAÇÃO DE ERVAS DANINHAS

Se você for um jardineiro, entende de eliminar ervas daninhas. Por que não fazer dessa atividade uma prática de meditação? Se você não tiver um jardim, ofereça-se para limpar o jardim de alguma pessoa ou faça um trabalho voluntário no parque local perto de você.

Benefícios

- Eleva a jardinagem a uma prática espiritual
- Ajuda a reduzir emoções negativas
- Promove o crescimento positivo

A visualização tem um efeito poderoso em sua mente. Se você quiser realizar mudanças positivas em sua vida, a visualização pode turbinar o processo. Nesta meditação, você utiliza as ervas daninhas para simbolizar quaisquer hábitos negativos que você queira largar.

Meditação

Quando

Faça esta meditação quando fizer jardinagem.

Preparação

Pegue suas luvas de jardinagem e joelheiras. Reúna todas as ferramentas necessárias, como pá ou ancinho.

Prática

1 Sente-se em silêncio sob uma árvore. Traga à mente algum hábito negativo seu, como uma tendência ao mau humor ou procrastinação. Pense em tantos hábitos quantos quiser. Visualize as ervas daninhas na terra como se fossem seus hábitos negativos.

2 Levante-se e aproxime-se da área que você pretende limpar. Veja toda essa área como se fosse sua mente. Veja as flores e plantas como seus traços positivos e as ervas daninhas como aqueles traços negativos que você gostaria de eliminar.

3 Enquanto começa a limpar, tente permanecer muito focado e atento. Quando puxar uma erva pela raiz, pense que está puxando seu próprio hábito negativo pela raiz. Continue assim até que todas as ervas sejam eliminadas.

4 Termine cultivando, nutrindo e molhando as plantas e flores. Pense nelas como seus traços positivos que você gostaria de nutrir.

MEDITAÇÃO ZEN CAMINHANDO

Os zen-budistas praticam uma meditação caminhando maravilhosa chamada *kinhin*. Você não precisa ser budista para apreciar esta meditação que cultiva a calma, o centramento, a atenção plena e o movimento.

Benefícios

- Estende a prática da concentração para a caminhada
- Ajuda a integrar a mente focada com o movimento
- Proporciona alívio durante sessões mais longas de meditação sentada

Meditação

Quando

Faça esta meditação quando quiser reduzir as atividades e ser mais preciso em seu trabalho e relacionamentos.

Preparação

Estabeleça um percurso de antemão, seja em sua casa ou ao ar livre.

Prática

1 Fique em pé com as costas retas e tente permanecer relaxado. Coloque as mãos juntas logo abaixo do esterno ou coração. A mão esquerda forma um punho suave, envolvendo levemente os dedos em torno do polegar. A seguir, coloque a mão direita sobre a esquerda, com o polegar direito sobre o topo da mão esquerda. Mantenha os cotovelos levemente afastados dos lados do corpo.

No Zen tradicional, você pratica a meditação caminhando *kinhin* entre sessões longas de meditação sentada ou *zazen*. Ela alivia qualquer rigidez de ficar sentado por um longo tempo e energiza você. Mas você pode praticar *kinhin* como meditação em si mesma. Você pode fazer a meditação caminhando dentro de casa, fazendo um círculo em torno de um aposento, ou fora, andando no jardim ou por um caminho. Se fizer fora, deve ser num local onde possa ficar sozinho.

2 Comece a andar lentamente pela rota que você escolheu na preparação, seja dentro ou fora de casa. Inicie com um meio passo a cada ciclo respiratório (inspiração e expiração). Assim, calcanhar primeiro (meio passo) e planta do pé (meio passo). Seu passo será extremamente lento. Enquanto caminha, concentre-se em sua respiração. Mantenha os olhos baixos e dirigidos para a frente. Não olhe de um lado ao outro.

3 Pare. Agora mude para um passo normal de caminhada por alguns minutos. Mantenha o foco na respiração. Respire naturalmente. Termine sua meditação quando estiver pronto para isso.

O TRANSE NA DANÇA

Você pode dizer suas orações, mas também pode dançar suas orações. A dança pode ajudá-lo a transcender sua mente comum e acessar o Divino. Faça esta meditação com a dança.

Benefícios

- Ajuda você a acessar os hemisférios do cérebro
- Libera a resistência ao Divino
- Ajuda a estabilizar seu corpo e promover o bem-estar

Este é um movimento como prática espiritual. Pode ser muito divertido e pode chamar um fluxo de outras emoções. Se você terminar rindo ou chorando, a sua tendência poderá ser parar. É importante prosseguir dançando, aconteça o que acontecer. Dance do princípio ao fim de qualquer sentimento e veja o que emerge. Esta meditação tem a ver com a liberação emocional, física e espiritual. A ideia é transcender o seu pensamento linear habitual do lado esquerdo do cérebro e acessar a sabedoria do seu corpo em movimento. Por meio da dança e da liberação do pensamento, você pode ter uma compreensão da realidade que não se encontra normalmente disponível na vida comum.

Meditação

Quando

Se você sentir que está a ponto de explodir de stress e emoções não expressas, faça esta meditação dançante para ajudá-lo a entender o que está acontecendo.

Preparação

Ouça música de indução ao transe com um ritmo forte. Escolha diversos CDs que agradem você.

Prática

1 Reserve um tempo quando estiver só. Fique descalço ou use sapatos que sejam confortáveis para dançar. Vista roupas folgadas e soltas. Tire os óculos e relógio de pulso. Agora esvazie a área na qual você vai dançar.

2 Ponha a música e aumente o som tanto quanto possível. Comece a dançar e não pare por 30 minutos. Se quiser dançar por mais tempo, faça isso.

3 Enquanto estiver dançando, concentre-se na sua dança. Tente não pensar e dance até se exaurir. Tente sentir a ligação com seu poder superior enquanto dança. Se sentir emoções ou vontade de chorar, não segure.

4 Quando sentir que já dançou tanto quanto pôde, termine sua meditação dançante.

DERVIXE RODOPIANTE

Os sufis praticam rodopiando ou rodando para entrar em contato com o Divino. Acompanhe o seu rodopio com música que induz ao transe e veja o que acontece e como isso faz você se sentir.

Benefícios

- Incentiva a rendição ao Divino
- Abre você à alegria extática
- Promove uma sensação de estar imerso na graça de Deus

Jalaluddin Rumi, nascido na Pérsia em 1207, é, talvez, o mestre sufi mais famoso. Ele é mais bem conhecido na cultura ocidental por sua poesia devocional de uma beleza primorosa. Enquanto estava dominado pela tristeza pela perda de um amigo querido, começou a praticar o rodopio como uma maneira de se comunicar com Deus. O propósito da meditação do rodopio é induzir um transe religioso, de modo que para onde quer que você gire você vê a face de Deus. Com a prática, e concentrando-se em sua mão, é possível rodopiar por longos períodos de tempo sem sentir vertigem.

Meditação

Quando

Tente rodopiar como uma forma de meditação quando estiver aberto para ter uma conexão extática com o Divino.

Preparação

Pratique o rodopio com os olhos fechados. Tente girar a cabeça enquanto rodopia. Use música instrumental para acompanhar seu rodopio.

Prática

1 Comece a tocar seu CD escolhido. Alongue o braço direito à frente do corpo, com a palma da mão voltada para o coração. Estenda o braço esquerdo para cima em direção ao céu.

2 Fixe o olhar na mão à sua frente e comece a girar devagar no sentido horário. Se parecer melhor girar no sentido anti-horário, reverta as posições da mão. Diz-se que girar no sentido anti-horário parece mais voltado para dentro e, no sentido horário, mais voltado para fora.

3 Se começar a sentir tontura, reduza a velocidade. Tente revolver em torno do calcanhar, e depois da planta do pé, para ver o que funciona melhor para você. Gire a cabeça enquanto rodopia.

4 Para finalizar a meditação do rodopio, reduza aos poucos a velocidade e pare. Fique em pé em silêncio por alguns momentos.

SAUDAÇÃO AO SOL

Este famoso *asana* do yoga, *surya-namaskar*, fará você se movimentar logo pela manhã. Faça dessa prática a primeira atividade do seu dia para gerar uma sensação de gratidão e propósito.

Benefícios

- Promove o bem-estar físico, mental e emocional
- Estabelece a sua intenção mais elevada para o dia
- Incentiva a gratidão e a responsabilidade

Surya-namaskar, ou a saudação ao sol, é uma postura de doze partes que nos revitaliza e energiza. Tente praticar esta postura de forma meditativa, concentrando-se no que você gostaria de realizar durante o decorrer deste dia. Enquanto saúda o sol, expresse seu agradecimento por estar vivo e ter as oportunidades que você recebeu.

Meditação

Quando

Pratique a saudação ao sol de manhã.

Preparação

Leia todas as orientações e pratique cada passo antes de tentar fazer a sequência.

Prática

1 Em pé, pés afastados na largura dos quadris, mãos ao lado do corpo.

2 Inspire e levante seus braços acima da cabeça. Gentilmente arqueie o corpo para trás até onde for confortável.

3 À medida que expira, incline-se para a frente e pouse as mãos junto aos pés.

4 Inspire e leve a perna direita para trás enquanto as mãos ficam no chão.

5 Expire e leve a perna esquerda para trás. Agora você está numa posição de flexão com os braços totalmente estendidos. Mantenha a posição e inspire.

6 Expire e abaixe-se como se estivesse fazendo uma flexão. Só mãos e pés tocam o chão.

7 Inspire e alongue-se para a frente e para cima, curvando a cintura. Use os braços para erguer o torso, mas curve-se para trás somente o quanto for confortável.

8 Expire e empurre seus quadris de volta para cima, com a cabeça voltada para baixo, entre as pernas retas.

9 Inspire e leve seu pé direito para a frente.

10 Expire, traga o pé esquerdo para a frente e puxe a cabeça em direção aos joelhos.

11 Inspire e eleve-se enquanto mantém os braços estendidos sobre a cabeça.

12 Expire e abaixe os braços para os lados do corpo. Repita a sequência, levando primeiro o pé esquerdo para trás.

NADANDO ATÉ A ILUMINAÇÃO

Se você pratica natação, por que não transformar essas voltas completas em meditação? Leve essa visualização maravilhosa para a piscina com você e transforme o corpo e a mente ao mesmo tempo.

Benefícios

- Transforma a natação comum em prática espiritual
- Proporciona uma meditação poderosa para superar obstáculos
- Ajuda a equilibrar corpo e mente

Meditação

Quando

Faça esta meditação quando fizer voltas completas na piscina.

Preparação

Escreva sobre o que pode estar detendo você. Está com medo de expressar-se diretamente? Desejaria ser mais organizado? Você quer praticar um caminho espiritual mas as dúvidas são um empecilho?

Prática

1 Escolha uma raia livre e comece a dar voltas completas. Nos primeiros minutos, apenas observe sua respiração enquanto nada.

2 Traga à mente o obstáculo que deseja superar. Veja-se preso numa situação por causa de algum aspecto de seu caráter ou personalidade. Por exemplo,

Nadar, assim como correr, é outra atividade atlética que se presta à meditação. É uma prática solitária, não obstante o número de pessoas que estiverem na piscina com você. Tem um ritmo inerente, é relaxante e inspira a introspecção. Simplesmente tente observar a respiração enquanto você nada, ou combine outras meditações nesse guia com a natação. Se quiser eliminar obstáculos em sua vida, faça esta visualização.

se você está com medo de se expressar no trabalho, imagine você mesmo no escritório, sentindo frustração e vergonha por estar com medo de exprimir sua opinião abertamente para o seu chefe.

3 Então, a cada braçada, visualize que você está fazendo progresso, superando seu medo. Veja-se entrando no escritório de seu chefe, compartilhando suas brilhantes ideias com confiança.

4 Nade quantas voltas quiser, usando cada braçada como um símbolo do seu progresso para eliminar obstáculos – sejam eles mentais, psicológicos ou espirituais.

LIMPEZA GERAL

Varra o chão quando quiser uma casa limpa. Transforme isso numa meditação em movimento para eliminar pensamentos, emoções e estados mentais negativos.

Benefícios

- Transforma a limpeza da casa numa prática espiritual
- Proporciona uma visualização poderosa para eliminar a negatividade
- Fortalece a determinação espiritual

Varrer é uma das atividades mais satisfatórias de limpeza da casa. É físico e você consegue ver os resultados imediatamente. Há algo de maravilhoso em tirar toda aquela poeira e sujeira do caminho. Passe o aspirador se precisar, mas esta meditação é melhor com uma boa e antiquada vassoura.

Meditação

Quando

Já que, de qualquer forma, você tem que limpar a casa, pode usar bem o seu tempo com esta meditação.

Preparação

Pense em qualquer negatividade passada que você gostaria de purificar ou qualquer entulho mental que você gostaria de limpar.

Prática

1 Pegue uma vassoura e vá até a área que pretende varrer. Pode ser dentro ou fora de casa. A cozinha ou o chão da garagem e a entrada da casa e os degraus da frente são uma boa opção também.

2 Examine a poeira ou sujeira do chão. Ela pode estar bem evidente ou ser mais sutil. Veja essa poeira ou sujeira evidente ou sutil como uma negatividade residindo em sua própria mente e coração. Imagine que, à medida que você varre, a negatividade será eliminada com a sujeira. Se você foi indelicado com seu parceiro, magoou um amigo ou tem bebido demais ultimamente, veja a sujeira como essas ações passadas.

3 Comece a varrer. Concentre-se apenas na sujeira, na vassoura e no chão. À medida que varre, veja e sinta a sua negatividade saindo de sua mente e coração. Você pode varrer o seu potencial de cometer atos negativos no futuro e suas dúvidas e medos no presente. Seja criativo e varra tudo o que estiver incomodando você.

4 Termine sua meditação pondo a sujeira numa lata e jogando-a fora. Veja a sua negatividade indo embora com ela.

ESTEIRA ERGOMÉTRICA

Se você frequenta uma academia, é provável que utilize uma esteira ergométrica para fazer exercício aeróbico. Em vez de se entreter escutando música ou assistindo à televisão, aproveite o tempo para meditar.

Benefícios

- Duplica os benefícios da prática de exercícios
- Conecta seu corpo e mente
- Inspira a prática espiritual

Existe algo na esteira ergométrica que parece muito com a vida. É comum ouvir alguém dizer que "se sente como se estivesse numa esteira ergométrica". Isso geralmente significa que a pessoa sente que está dando voltas sem chegar a lugar nenhum. Mas qualquer ação pode ser transformada pela sua mente e sua intenção. Utilize o exercício aeróbico para melhorar duplamente sua saúde cardiovascular, trabalhando com a mente ao mesmo tempo. Essa é uma boa maneira de impedir que sua prática de exercícios físicos se torne mais uma atividade frenética numa vida já agitada.

Meditação

Quando

Faça esta meditação quando quiser revigorar seus exercícios mental e fisicamente.

Preparação

Vá para a academia quando ela estiver menos lotada, de modo que você possa permanecer na esteira o tempo que quiser.

Prática

1 Antes de pisar na esteira, pare por um minuto e estabeleça sua intenção de meditar. Comece seu exercício devagar. Exercite-se numa velocidade que você possa andar ou correr por 30 minutos. Ligue o cronômetro. Ponha uma toalha sobre o mostrador digital para que ele não distraia você.

2 Agora comece a observar a sua respiração. No início conte até dez e depois comece novamente. Tente não deixar que os pensamentos interfiram. Quando isso acontecer, simplesmente retorne à respiração. Quando sentir vontade, pare de contar e apenas observe sua respiração como faria na meditação sentada.

3 Se as emoções surgirem, apenas admita-as e retorne à respiração. Se você sentir o stress saudável da corrida observe-o e retorne à respiração.

4 Termine sua meditação após 30 minutos. Perceba qualquer diferença entre essa vez que você praticou e as anteriores.

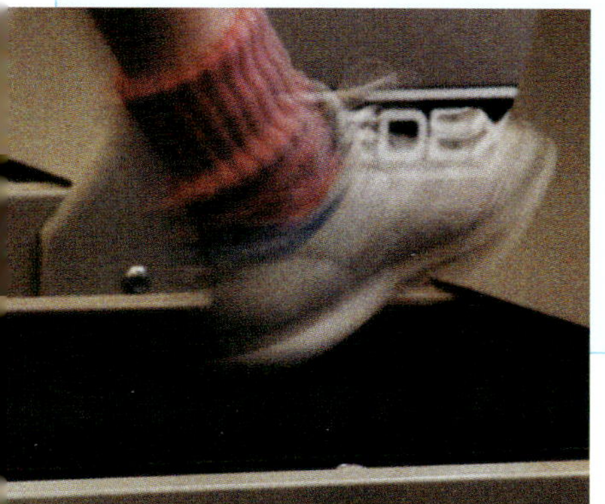

AMOR E COMPAIXÃO

MEDITAÇÕES PARA O AMOR E A COMPAIXÃO

Mais do que qualquer coisa, o amor e a compaixão enaltecem e transformam a sua vida. Eles reduzem a raiva, o ódio e a inveja, enquanto expandem coração e mente, fazendo a vida valer a pena. No final das contas, não há nada mais importante que amor e compaixão.

Esta seção tem início com três meditações referentes a uma prática extraordinária do Budismo tibetano, chamada *tonglen*. Nesta prática você aprende a receber, por meio de sua inspiração, o próprio sofrimento e o das outras pessoas e enviar, por meio da expiração, seu amor e alegria. Esta é uma das meditações mais gratificantes e transformadoras deste livro. Em "Retribur a bondade", você aprende a reconhecer a bondade ilimitada dos outros e, em "Perdão", você libera as mágoas e ressentimentos passados. A seguir, você aprenderá uma linda oração budista chamada "Os Quatro Incomensuráveis", e aprenderá a compaixão pelos animais em um maravilhoso ritual de meditação chamado "Seres sencientes livres". O amor é a resposta em "Ame a si mesmo" e "Amor incondicional". E se você tiver relacionamentos difíceis com seus irmãos, experimente "Irmãos e irmãs". A paz mundial é o desejo de todos.

"A paz começa comigo" ajuda-o a fazer a sua parte. "O *chakra* do coração" ajuda você a trabalhar diretamente com a energia do coração. Experimente "Mães e pais" para amar e perdoar os seus pais e "Medo e amor" se você estiver simplesmente com medo de amar. "Expanda seu coração" ajudará você a superar preconceitos. Com "Todos os seres querem ser felizes" você focará no amor, ao passo que em "Todos os seres querem evitar o sofrimento" você se concentrará na compaixão e entenderá como eles estão ligados.

A equanimidade é a base do amor e da compaixão e "Três categorias" ajudará você a entender por que é difícil para nós tratar todas as pessoas igualmente. A afeição é simples; não obstante, não a temos de modo suficiente em nossa vida. Aprenda a dar e a recebê-la com "Afeto". E da próxima vez que você vir uma pessoa sem teto, vá para casa e experimente a meditação "Os sem-teto". Ela o ajudará a ter compaixão por todos os que sofrem em silêncio em nossas cidades.

A "Interconexão" ensina você como tudo e todos estão conectados, um ponto importante quando se trata de amor. "Ser útil" ajuda você a conhecer a melhor maneira de ajudar os outros. "Amor e apego" ajudará você a reconhecer o amor verdadeiro e "Amor ilimitado" ajudará você a ser mais generoso com seu amor. Finalmente, "O voto do *Bodhisattva*" apresentará você a um modo budista de aprofundar seu amor e compaixão.

TONGLEN PARA SI MESMO

Tonglen é uma prática budista tibetana para desenvolver a compaixão. Na visualização *tonglen*, você recebe, com o coração aberto, o sofrimento dos outros e dá, de modo altruísta, todo o seu amor, alegria e bem-estar para eles. É melhor praticar *tonglen* para si mesmo em primeiro lugar.

Benefícios

- Inclui as dificuldades e doenças no seu caminho espiritual
- Ajuda você a permanecer presente em situações difíceis
- Desenvolve a compaixão por si mesmo

Você pratica esta meditação recebendo as dificuldades e o sofrimento por meio da inspiração e exalando alegria e amor na sua expiração. Aceite em sua inspiração; solte em sua expiração. Você inspira suas próprias emoções em conflito e karma negativo e expira sua compaixão e amor por si mesmo.

Meditação

Quando

Pratique *tonglen* para si mesmo quando tiver dificuldades ou problemas com o ódio crônico a si mesmo. Esta meditação pode ser praticada a qualquer hora e lugar.

Preparação

Reconheça quaisquer dificuldades que você possa estar tendo.

Prática

1 Para a prática formal, sente-se na postura de meditação, na almofada ou cadeira, num lugar tranquilo. Ou pratique quando e onde quiser.

2 Concentre-se nas dificuldades que estejam presentes para você atualmente. Se você estiver triste ou arrependido, ou estressado por causa de dinheiro, traga esse problema para sua plena atenção.

3 Inspire seus problemas e dificuldades para dentro de seu coração. Visualize suas dificuldades sendo dissolvidas e transformadas. Agora veja-as saindo na expiração na forma de felicidade e alegria, luminosidade e destemor.

4 Pratique *tonglen* com a esperança de curar a sua atitude e recuperar sua totalidade. Continue expirando e inspirando, sendo conduzido por sua respiração dessa maneira pelo tempo que desejar.

TONGLEN PARA OS OUTROS

Depois de praticar a meditação *tonglen* para si mesmo, a presente meditação ensinará a você como praticar com o fim de desenvolver sentimentos de compaixão pelas outras pessoas.

Benefícios

- Ajuda você a desenvolver compaixão pelos outros
- Transforma seus relacionamentos
- Desenvolve a generosidade e o desapego

Depois de ter vivenciado a compaixão por si mesmo, estenda seu amor e compaixão àqueles que estão próximos a você – seus pais, sua família, seus filhos e amigos. Aos poucos, estenda a compaixão até que você seja capaz de senti-la pelos inimigos, assim como pelos amigos. Finalmente, estenda seu cuidado a todos os seres no mundo. Imagine que eles estão aliviados e curados pelo seu amor. É melhor começar com as pessoas mais próximas a você.

Meditação

Quando

Pratique *tonglen* para os outros para as pessoas próximas a você, quando perceber que elas estão sofrendo.

Preparação

Pratique *tonglen* para si mesmo em primeiro lugar, para começar a entender como é a compaixão.

Prática

1 Sente-se na postura da meditação, na almofada ou cadeira, ou pratique de modo espontâneo em qualquer momento ou lugar que desejar. Respire por alguns minutos para acalmar sua mente. Então imagine que seu amor e compaixão são ilimitados.

2 Pense em alguém próximo a você, que você sabe que está sofrendo de problemas ou doenças da vida. Visualize a pessoa à sua frente.

3 Inspire o sofrimento dela em forma de uma fumaça negra e deixe ele se juntar em seu coração. Esteja disposto a tomá-lo para você e removê-lo da outra pessoa. À medida que ele alcança seu coração, imagine que ele dissolve todo o seu autocentramento. Agora, expire amor, alegria e compaixão para ela. Não segure nada.

4 Quando você fizer esta prática pela primeira vez, pode ter dificuldade em visualizar-se recebendo o sofrimento dos outros e doando toda sua alegria e felicidade para eles. Mas, com o tempo, isso mudará. Você descobrirá que tem uma abundância de recursos positivos, mais do que pode imaginar. E não se preocupe – receber os problemas dos outros assim não fará mal a você.

5 Continue a receber e enviar sua respiração pelo tempo que desejar. Termine quando estiver pronto.

TONGLEN PARA AMBIENTES NEGATIVOS

Você também pode praticar *tonglen* para transformar ambientes negativos. Onde quer que você esteja, se a atmosfera estiver cheia de raiva, tensa ou opressiva, pratique *tonglen* para eliminar a negatividade e proporcionar um espaço seguro e compassivo para si mesmo e para os outros.

Benefícios

- Ajuda a transformar ambientes negativos
- Cria ambientes positivos
- Cria um espaço compassivo

Meditação

Quando

Pratique *tonglen* quando a atmosfera ou o ambiente estiver opressivo ou negativo.

Preparação

Faça "*Tonglen* para si mesmo" e "*Tonglen* para os outros" antes de tentar esta meditação.

Prática

1 Coloque-se em pé no espaço que parecer opressivo ou negativo. Fique centrado meditando em sua respiração por alguns minutos. Estabeleça uma motivação compassiva – você gostaria de aliviar a negatividade nessa sala ou espaço para o benefício daqueles que se encontrarão aqui. Imagine que você sente amor e compaixão igualmente por todos os seres.

Você já ouviu a frase: "a atmosfera estava tão tensa que dava para cortar com uma faca"?. A energia negativa pode "carregar" e mudar um aposento, mesmo após a saída dos responsáveis por criá-la. Essa energia negativa residual pode afetar seu bem-estar e o das outras pessoas.

2 Inspire a negatividade da sala na forma de uma nuvem de fumaça quente e escura. Veja-a entrando em seu coração, onde ela é transformada num ar fresco claro, calmo e limpo. Quando você expirar, envie-o para fora como paz e alegria. Visualize uma luz radiante e pura enchendo a sala, criando um ambiente amoroso, compassivo, calmante para todas as pessoas que entrarem.

3 Continue a inspirar desse modo até que você tenha transformado a energia ou atmosfera na sala ou já esteja pronto para terminar sua meditação. Não se preocupe se não sentir uma mudança notável. Saiba que, meditando dessa maneira, você está tornando o mundo um local mais compassivo para todos os que vivem nele.

RETRIBUIR A BONDADE

Esta é uma meditação maravilhosa para perceber a bondade dos outros. Ela ajudará você a desenvolver compaixão e reduzir qualquer autocentramento que possa entrar furtivamente em seus pensamentos ou comportamento.

Benefícios

- Revela o quanto você deve aos outros
- Desenvolve a compaixão
- Neutraliza o autocentramento

Pode parecer que você conseguiu tudo em sua vida pelos seus próprios esforços. Como você teve que se esforçar muito para terminar os estudos, conseguir um emprego, encontrar um companheiro e sustentar sua família, é fácil pensar dessa maneira. Mas nada pode estar mais longe da verdade. Seus esforços foram muito importantes, mas você teve uma ajuda enorme de incontáveis seres pelo caminho. Esta meditação ajuda você a reconhecer esses seres incontáveis.

Meditação

Quando

Faça esta meditação quando se sentir sozinho e lutando com esforço.

Preparação

Faça uma lista de todos que cuidaram de você quando você era criança.

Prática

1 Sente-se em sua almofada de meditação ou cadeira. Acenda uma vela em memória de todos aqueles que ajudaram você em sua vida.

2 Evoque a lista que você fez em preparação para a meditação. Inicie com sua mãe e pai; então passe para os irmãos, tias e tios, avós e primos, todos os que cuidaram de você de algum modo. Depois pense em seus professores, babás, padres, instrutores e amigos. Pense no primeiro emprego e a pessoa que contratou você. Agora considere os fazendeiros que plantaram a comida que você comeu e as lojas que venderam a comida. Volte aos seus pais, que trabalharam duro para que você tivesse uma casa, roupas, alimentação, educação e cuidados médicos. Pense em seus médicos e dentistas. A sua lista é meramente a ponta do *iceberg*.

3 Continue a aumentar a sua lista. Gere um sentimento sincero de gratidão a cada pessoa que ajudou você em sua vida. Perceba que você tem sido o receptor de tanta bondade que levaria vidas para retribuir a cada um. Faça votos de retribuir toda essa gentileza gerando amor e compaixão por essas pessoas e por todos os seres.

PERDÃO

Não existe nada mais difícil ou mais gratificante que o perdão. Você pode perdoar a si mesmo e aos outros uma vez que tiver realizado o trabalho emocional necessário para processar seus sentimentos e dissipar a necessidade de sempre "ter razão".

Benefícios

- Promove a paz
- Incentiva a compaixão
- Reduz o pensamento rígido e inflexível

Esta meditação no perdão está baseada na realidade de que você e as outras pessoas estão num estado constante de mudança. Ao contrário do que parece, você não é a mesma pessoa que era ontem, ou mesmo há um minuto, nem a pessoa que prejudicou você. O perdão ajuda você a largar sua dor e raiva e abre o seu coração novamente.

Meditação

Quando

Esta meditação ajuda a curar a raiva e a dor quando você se sentir ferido pelas ações de alguém.

Preparação

É importante sentir tudo o que você pode estar sentindo acerca do acontecimento que prejudicou você, antes de começar a curar sua raiva e sua dor.

Prática

1 Sente-se numa almofada ou cadeira no seu espaço de meditação. Se tiver um altar, medite no poder superior que escolheu. Acenda uma vela e faça oferendas simples de flores ou frutas. Peça ajuda para perdoar a pessoa que prejudicou você.

2 Traga à mente o acontecimento em que se sentiu prejudicado. Se sua primeira emoção for a raiva, veja se ela não encobre a dor. Enquanto pensa no que ocorreu e sente suas emoções, tente não difamar a outra pessoa. Simplesmente reconheça como você se sente.

3 Agora pense na outra pessoa. Veja-a como uma pessoa inteira, que é mais do que suas ações e que está mudando a cada momento. Entenda que ela fez o que fez por pensar que isso a faria feliz e a ajudaria a evitar o sofrimento. A motivação dela não é diferente da sua.

4 Perdoe a pessoa que magoou você. Diga isso em voz alta. Deseje a ela que seja feliz e livre de sofrimento. Abra-se à possibilidade de curar o relacionamento de vocês no presente. Se isso não for possível simplesmente solte a sua raiva e dor. Veja-a como uma mala pesada que você se recusa a continuar carregando.

5 Agradeça ao seu poder superior por ajudar você a ter uma maior perspectiva.

OS QUATRO INCOMENSURÁVEIS

Esta meditação é um antídoto maravilhoso aos noticiários de todas as noites. Você deseja que um número infinito de seres tenham amor, compaixão, alegria e equanimidade incomensuráveis.

Benefícios

- Promove amor e compaixão
- Inclui você mesmo em suas intenções
- Incentiva o crescimento espiritual

Os "Quatro Incomensuráveis" é uma meditação budista tibetana. Seu propósito é ajudar você a sentir mais bondade e compaixão por si mesmo e pelos outros. Você vai precisar decorar a seguinte oração para esta meditação:

Que todos os seres sejam felizes
Que todos os seres se libertem do sofrimento
Que todos os seres encontrem a alegria que nunca conheceu o sofrimento
Que todos os seres estejam livres do apego e do ódio.

Meditação

Quando

Medite nos "Quatro Incomensuráveis" diariamente.

Preparação

Memorize a curta oração acima.

Prática

1 Sente-se numa almofada ou cadeira no seu espaço de meditação. Faça a meditação da consciência da respiração por 5 minutos.

2 Recite em voz alta a primeira linha da oração: "Que todos os seres sejam felizes". Sinta sua intenção de que todos os seres têm o seu amor incondicional. Inclua a si mesmo nesse desejo. Aceite-os e a si mesmo exatamente como eles são e como você é.

3 Passe para o segundo verso e diga alto: "Que todos os seres se libertem do sofrimento". Imagine que você tem uma compaixão infinita e deseja que todos os seres, incluindo você mesmo estejam livres de qualquer tipo de sofrimento. Pode ser alguém com câncer ou seu próprio sofrimento com uma doença ou vício. Sinta uma grande urgência de ajudar a eles e a si mesmo.

4 Recite a terceira linha: "Que todos os seres encontrem a alegria que nunca conheceu o sofrimento". Imagine que todos os seres atingiram a iluminação, o desenvolvimento espiritual máximo do Budismo. Sinta a depressão de todos os seres, incluindo você mesmo, sendo erradicada. Imagine que eles e você estão num estado iluminado extático, feliz e altruísta.

5 Recite o quarto verso: "Que todos os seres estejam livres do apego e do ódio". Imagine que todos os seres, incluindo você mesmo, nunca distinguem entre um amigo, um inimigo ou um desconhecido, mas consideram todos os seres, não obstante quem sejam, dignos de amor e compaixão. Saiba que essa equanimidade é a base para os três primeiros desejos: amor incondicional e altruísta, compaixão e pura alegria.

SERES SENCIENTES LIVRES

Esta prática ajuda você a gerar mais compaixão por todos os seres sencientes não humanos, incluindo animais, pássaros, insetos e peixes. Nesta meditação, você liberta animais, pássaros, peixes ou insetos que, de outra maneira, seriam mortos.

Benefícios

- Promove a sensibilidade à situação difícil dos animais e de outros seres
- Incentiva o amor e a compaixão
- Promove a ação compassiva

Meditação

Quando

Experimente fazer esta prática meditativa como um ritual uma vez por ano.

Preparação

Encontre um animal, um pássaro ferido, um peixe ou um inseto que você possa libertar com segurança na natureza. Certifique-se de que isso é o melhor a se fazer por esse animal. Você pode encontrar boas vítimas nas iscas de pescadores, como minhocas ou minúsculos peixes compatíveis com seu ambiente local.

Prática

1 Leve seu animal, pássaro, peixe ou insetos, para o local onde irá soltá-los.

2 Fique em pé ou sente-se confortavelmente e concentre-se em sua respiração por alguns minutos para centrar-se.

Se você ama os animais, achará esta meditação muito agradável. Se você não pensa nos animais com muita frequência, esta meditação o ajudará a tornar-se mais sensível à realidade daqueles seres que habitam o "reino animal". No Budismo, o reino animal consiste de todos os seres vivos não humanos, não apenas de animais como normalmente os compreendemos.

3 Pense por um momento em todos os seres que sofrem no reino animal. Visualize as dificuldades diárias da vida deles. Aspire a que os pequenos seres que você está para libertar e todos os outros no reino animal sejam felizes e livres do sofrimento. Com esse desejo sincero, solte-os na natureza.

AME A SI MESMO

Odiar a si mesmo é comum em nossa cultura. Esta meditação ajudará a neutralizar qualquer sentimento de ódio de si mesmo, incluindo a vergonha ou a baixa autoestima.

Benefícios

- Proporciona um antídoto ao ódio de si mesmo
- Incentiva a consideração positiva em relação a si mesmo
- Ajuda a desenvolver amor e compaixão pelos outros

Pouca coisa em nossa vida ensina a amar a nós mesmos. Você pode estar repreendendo, disciplinando e punindo a si mesmo para ser a pessoa que você pensa que "deveria" ser. Você pode estar passando a vida sentindo que há algo de errado com você e tentando consertar isso. Essa é uma forma de odiar a si mesmo. É importante abordar cada exercício de autodesenvolvimento, incluindo qualquer meditação neste livro, de uma posição de autoaceitação básica.

Meditação

Quando

Faça esta meditação quando se tornar consciente do ódio que tem de si mesmo.

Preparação

Monitore seu diálogo interior durante um dia e perceba o quanto do que você diz a si mesmo é negativo. Pode ser algo como: "Sou um imbecil por ter esquecido aquele memorando", ou "Odeio minhas coxas".

Prática

1 Sente-se numa almofada ou cadeira num local silencioso. Visualize o seu poder superior sentado à sua frente. Pode ser Jesus, Buda, Shakti, Maomé, ou apenas uma forma sábia do seu eu.

2 Imagine que seu poder superior está sorrindo para você, com grande amor e compaixão, aceitando você como é. Entenda que ele não exige que você "conserte" nada em si mesmo para merecer o seu amor. Saiba que ele deseja que aceite a si mesmo exatamente como você é, e trate a si mesmo com gentileza e respeito, assim como ele faz.

3 Agradeça ao seu poder superior por lembrar você de ser gentil consigo mesmo. Diga-lhe que com a sua ajuda e incentivo, você evitará odiar a si mesmo e estimular-se-á a aceitar-se como você é. Prometa que você tentará viver a sua vida com total autoaceitação e amor a si mesmo.

AMOR INCONDICIONAL

Geralmente o nosso amor é condicional – depende de nossos seres amados se comportarem do modo como gostaríamos, ou nos apoiarem em nossos esforços. Mas um amor melhor é um amor incondicional – nós os amamos como eles são, não obstante o que fazem.

Benefícios

- Eleva o amor comum
- Liberta-nos para amar todas as pessoas
- Promove o desenvolvimento espiritual

O amor incondicional parece bom, mas é difícil de praticar. Esta meditação ajudará a abrir seu coração e dissipar as condições que você pode estar colocando em seu amor. Se você tem problemas com a codependência ou tenta controlar aqueles que ama, esta meditação será útil.

Meditação

Quando

Pratique esta meditação se você tiver problemas com o controle em suas relações.

Preparação

Pense nas pessoas mais próximas de você. Pergunte a si mesmo se você impôs condições ao seu amor por elas. Por exemplo, talvez você sinta que o seu amor depende de ser amado de volta da maneira que você quer. Compreenda que este é um amor condicional limitado.

Prática

1 Sente-se numa almofada ou cadeira em seu espaço de meditação. Garanta a sua privacidade. Comece observando a sua respiração e acalmando o corpo e a mente.

2 Traga à mente o seu parceiro ou outro ser amado. Anote quaisquer condições suas que limitam o seu amor por ele. Por exemplo, você pode descobrir que o ama contanto que ele ganhe muito dinheiro, ou compre flores para você em eventos especiais ou vista certas roupas. Observe como essas condições, embora pareçam práticas e racionais, comprimem o seu coração. Note como isso não parece amor e sim com uma exigência de que suas necessidades sejam satisfeitas.

3 Agora visualize que está dando à pessoa amada completa liberdade de ser e fazer o que quiser. Isso o amedronta, torna você triste ou muda seu sentimento por ela? Traga à mente as qualidades que você ama nessa pessoa. Talvez a energia dela, a coragem e sua capacidade de responder aos outros.

4 Imagine que a pessoa amada não está com você ou não está disponível para atender às suas necessidades e você a ama de qualquer modo. Sinta seu coração se expandir à medida que a aceita e ama sinceramente, apesar do que ela faça ou deixe de fazer a você.

IRMÃOS E IRMÃS

Todas as religiões incentivam o amor aos pais, mas muitas não se referem do mesmo modo aos irmãos. Faça esta meditação para curar o relacionamento com seus irmãos e incentivar o amor entre vocês.

Benefícios

- Dá importância às relações entre irmãos
- Incentiva o amor e o respeito
- Cura antigas feridas

Talvez você não dê importância aos relacionamentos com seus irmãos e irmãs e desconsidera o quão profundamente eles afetaram a sua vida. Antigas rivalidades, conflitos ou mágoas não resolvidas podem estar prejudicando você em suas relações adultas. Talvez seja preciso romper com os antigos hábitos que mantêm você e seus irmãos congelados na infância e criar uma nova visão para sua família atual.

Meditação

Quando

Esta é uma meditação para praticar antes de um acontecimento familiar de férias.

Preparação

Procure fotografias de infância suas e de seus irmãos.

Prática

1 Sente-se na almofada ou cadeira no seu espaço de meditação. Coloque as fotos de seus irmãos no altar. Acenda uma vela. Faça a meditação da consciência da respiração por alguns minutos. Agora evoque seu poder superior. Apresente seus irmãos a ele.

2 Deixe os sentimentos emergirem. Se necessário, peça ao seu poder superior para ajudar você a curar seus relacionamentos. Se não, peça que seus relacionamentos se aprofundem e fortaleçam em suas vidas. Se você tiver modos improdutivos de se relacionar que vêm da infância, peça que você seja capaz de largá-los e encontrar um modelo mais maduro e natural.

3 Agora lembre-se das qualidades positivas de cada um de seus irmãos e irmãs. Peça que você seja capaz de aceitá-los e amá-los exatamente como eles são.

4 Termine sua meditação com o compromisso de honrar e respeitar cada um de seus irmãos e fortalecer o relacionamento de vocês.

A PAZ COMEÇA COMIGO

Uma das melhores maneiras de trabalhar para a paz é o empenho de gerar paz em seu próprio círculo – com seus seres amados, seus amigos, seus colegas de trabalho, seus vizinhos e outros membros da comunidade.

Benefícios

- Promove a paz
- Incentiva a responsabilidade
- Promove uma melhor comunicação interpessoal

A paz só pode se disseminar por meio de indivíduos que tenham uma mente pacífica. Se você desejar uma mente pacífica, comece a reduzir seu próprio ódio e violência por meio da paciência e da tolerância. Se você sente raiva por causa de alguma coisa que seu cônjuge disse e fala rudemente com ele ou ela, ou se você grita com seus filhos e bate neles, está praticando ódio e violência. Esta visualização irá ajudar a plantar as sementes da paz em seu próprio coração, para que você possa ser uma fonte de paz para outras pessoas.

Meditação

Quando

Se você estiver horrorizado com o ódio e a violência no mundo, examine os seus próprios pensamentos e ações. Determine-se a arrancar a raiz de quaisquer sementes de ódio e de violência em seus próprios pensamentos e comportamento. Dessa maneira, você pode começar a criar a paz mundial.

Preparação

Reserve alguns dias para rever a sua vida por completo em busca de sinais de ódio e de violência.

Prática

1 Sente-se numa almofada ou cadeira no seu espaço de meditação. Acenda uma vela ou incenso para ajudar você a ficar calmo e centrado.

2 Traga à mente qualquer época em que você tenha praticado ódio ou violência em sua própria vida. Talvez você tenha pensado ou falado com ódio de alguém em seu círculo. Talvez você tenha "se perdido" no ódio e dito coisas que magoaram seu parceiro. Traga à mente alguma situação no trabalho em que você tenha sido cruelmente competitivo. Se você bateu numa criança ou num animal de estimação com raiva, não minimize a importância disso. Se não se lembrar de nada em específico, busque estados mentais mais sutis.

3 Perdoe-se por quaisquer ações cheias de ódio ou violência que tenha realizado. Compreenda que você pode contribuir muito com a paz mundial levando paz ao seu próprio ser, depois para o seu círculo familiar, de amigos e colegas de trabalho. Comprometa-se a monitorar seus sentimentos de ódio e violência. Faça votos de criar mais paciência e tolerância na vida diária.

O CHAKRA DO CORAÇÃO

O *chakra* do coração é considerado o centro de amor do sistema de energia humana nos mundos hindu e budista. Ele é um dos sete centros de energia localizados ao longo da coluna e é encontrado no centro de seu peito.

Benefícios

- Incentiva o amor incondicional
- Libera a tristeza
- Abre seu coração

Meditação

Quando

Faça esta meditação no seu aniversário.

Preparação

Tente encontrar um diagrama dos *chakras* na Internet ou num livro sobre *chakras*.

Prática

1 Sente-se na almofada de meditação ou cadeira. Sente-se com a coluna reta e o peito aberto.

2 Una as palmas e pressione os nós de seus polegares no osso esterno. Você encontrará uma denteação entre os lados direito e esquerdo da caixa torácica, no nível do coração. Leve o foco aos polega-

Segundo as tradições hindu e budista, seus *chakras* podem ser bloqueados através da perda, do medo, da ansiedade, da tristeza, da raiva ou do stress. Esta meditação é para curar o seu *chakra* do coração, que governa o amor e a compaixão.

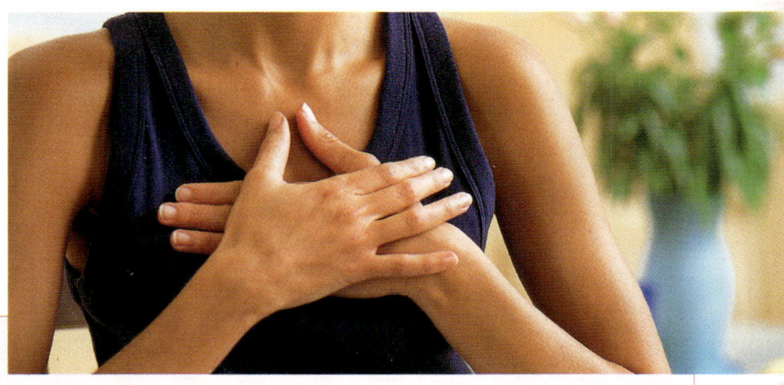

res e tente sentir as batidas do seu coração. Concentre-se nelas por 5 minutos.

3 Coloque a palma da mão direita no centro do peito e a mão esquerda por cima da direita. Feche os olhos e sinta a energia no centro do peito. Sinta seu calor. Visualize essa energia como uma luz verde-esmeralda. Sinta que ela se irradia do seu coração para o resto do corpo e volta para o coração. Fique com essa visualização pelo tempo que desejar.

4 Vire as palmas para fora e para longe do corpo. Visualize a luz verde do *chakra* do coração fluir para fora de suas palmas para o universo. Imagine que essa luz está reunindo todo amor e compaixão no universo e traz ela de volta para seu *chakra* do coração.

MÃES E PAIS

Quer você tenha tido uma relação maravilhosa com seus pais ou uma relação difícil, esta meditação ajudará você a amá-los e apreciá-los.

Benefícios

- Estimula você a apreciar o cuidado de seus pais com você
- Ajuda a curar antigas mágoas e mal-entendidos
- Ajuda você a ter um relacionamento maduro com eles

Sem o amor de seus pais você não teria adquirido forma nessa vida. Eles trouxeram você para o mundo e lhe deram abrigo, alimentos e roupas. Você pode ter queixas sobre a maneira de eles agirem, mas ainda assim você lhes deve sua sincera gratidão por ter dado vida a você e a oportunidade de crescer e se desenvolver como ser humano.

Meditação

Quando

Faça esta meditação no seu aniversário.

Preparação

Procure fotos de que você goste de sua mãe e de seu pai.

Prática

1 Sente-se numa almofada ou cadeira no seu espaço de meditação. Ponha as fotos de seus pais em seu altar ou numa mesinha à sua frente. Acenda uma vela e queime incenso para ajudar você a enfocar e esvaziar sua mente. Se for o seu aniversário, deixe que a vela sirva para marcar a celebração.

2 Faça a meditação da consciência da respiração enquanto olha as fotos de seus pais. Deixe que seus pais e você habitem, simbolicamente, o seu espaço de um modo pacífico e amoroso.

3 Agora traga à mente a imagem de seus pais como dois jovens que se amavam. Veja-os segurando você quando era uma criança. Não obstante os erros que eles cometeram como pais, lembre-se que eles cuidaram de você quando estava desamparado e totalmente dependente. Gere uma gratidão sincera pelo cuidado e proteção deles. Se você foi adotado, visualize seus pais como você gostaria que eles tivessem sido.

4 Sinta em seu coração que seus pais fizeram o melhor que puderam na sua criação. Visualize que você libera os pais de sua infância. Veja-os se afastando atrás de você. Olhe para a frente e veja os pais de sua vida adulta. Agora que você tem sua própria vida e é independente, visualize que está conhecendo seus pais de uma outra maneira.

5 Termine sua meditação desejando alegria e felicidade a seus pais e a você.

MEDO E AMOR

Talvez você queira ter um relacionamento, mas tem medo de amar. Esta meditação ajudará você a superar seus medos e encontrar a coragem de amar outra pessoa.

Benefícios

- Cura antigas feridas que podem ser um obstáculo em seu caminho
- Ajuda você a correr riscos e se abrir para outras pessoas
- Abre seu coração

Antigas mágoas podem ter feito o seu coração se fechar completamente. Você talvez tenha medo de se arriscar a ter intimidade com alguém, medo de ser magoado, ou medo do abandono. Enfrente seu medo e cure suas mágoas com esta meditação do *chakra* do coração.

Meditação

Quando

Faça esta meditação quando quiser se abrir para um novo relacionamento, mas sentir que o medo interfere.

Preparação

Escreva três páginas sobre os motivos do medo de amar.

Prática

1 Sente-se numa almofada oú cadeira no seu espaço de meditação. Respire por alguns minutos profundamente, para esvaziar a mente e energizar o corpo. Concentre-se no *chakra* do coração localizado sob o esterno.

2 Visualize uma luz verde-esmeralda circundando você. Inspire a luz e deixe que ela encha o seu corpo. Visualize essa luz de cura entrando no coração. Permita que ela limpe e libere todo medo que você tem de ser usado, rejeitado, manipulado, abandonado ou magoado.

3 Continue inspirando a luz verde-esmeralda. Abandone todo medo que você tem de ser controlado, traído, enganado ou prejudicado. Acrescente a essa lista os medos que quiser. Visualize todos eles evaporando. Veja seu coração relaxado e expandido.

4 Traga à mente alguma pessoa do passado que tenha magoado você. Pode ser um membro da família, um amigo ou antigo amante. Perdoe-o e deseje que ele esteja bem.

5 Visualize a si mesmo forte e sintonizado com suas necessidades e instintos. Saiba que você pode tomar boas decisões e escolher pessoas que sejam compatíveis, gentis e dignas do seu amor. Afirme que você saberá quando sair de um relacionamento se sentir que é certo fazer isso.

6 Ponha ambas as mãos sobre o coração. Permita que a linda luz verde-esmeralda desapareça e que seu espaço de meditação volte ao normal.

EXPANDA SEU CORAÇÃO

Se você tiver preconceitos em relação a algum grupo por causa de sua raça, religião, gênero ou classe, esta meditação ajudará você a eliminá-lo.

Benefícios

- Fornece um antídoto para o preconceito e a intolerância
- Promove a equanimidade
- Expande seu coração para acomodar todos os seres vivos

Mesmo se você não tiver preconceitos evidentes, pode ter alguns ocultos ou inconscientes. A sua disposição de examinar as suas possíveis propensões ocultas é um passo importante na cura de si mesmo e do mundo.

Meditação

Quando

Pratique esta meditação se você observar que está pré-julgando uma pessoa por causa de sua raça, religião, gênero ou classe social.

Preparação

Perceba como você pode tratar as pessoas de modo diferente devido à raça, religião, gênero ou classe social.

Prática

1 Sente-se em sua almofada ou cadeira no seu espaço de meditação. Concentre-se observando a respiração por 5 minutos.

2 Imagine que você está diante da pessoa que trabalha como caixa numa loja. Você se sente superior a ela? Você está fazendo suposições acerca da inteligência, contexto familiar ou competência dessa pessoa?

3 Imagine que você está num ônibus ou trem. Entra uma pessoa de uma raça diferente da sua. Observe se você tem alguma reação corporal. Está sentindo atração ou repulsa por ela? Está tendo ideias sobre a inteligência, competência ou moral dessa pessoa?

4 Agora imagine que você vê, na televisão, uma pessoa cuja religião é diferente da sua. Você sente respeito pela religião dela ou sente que ela está "errada" em suas crenças?

5 Imagine que você está andando numa rua movimentada repleta de homens e mulheres indo para o trabalho. Você tem sentimentos negativos com relação a pessoas de um ou outro sexo que altera os seus sentimentos em relação a elas como seres humanos individuais?

6 Termine sua meditação com o compromisso de abandonar qualquer preconceito ou pensamento estereotipado que tenha se revelado.

TODOS OS SERES QUEREM SER FELIZES

Todos os seres – humanos, animais, répteis, peixes, pássaros e insetos – querem ser felizes. Isso é algo que temos em comum. Refletir sobre essa verdade ajudará você a compreender melhor as motivações das outras pessoas, bem como as suas próprias.

Benefícios

- Ajuda você a entender a motivação dos outros
- Lança luz sobre suas próprias motivações
- Gera amor e compaixão

Quando você está com raiva de uma pessoa, talvez surja o sentimento de que você e ela não têm absolutamente nada em comum. O comportamento da pessoa pode parecer incompreensível e, o seu pensamento, profundamente equivocado. Há entre vocês a máxima distância e, não obstante, vocês estão operando a partir das mesmas motivações. Reconhecer essa motivação comum ajuda você a entender as outras pessoas e curar os seus relacionamentos.

Meditação

Quando

Faça esta meditação quando tiver dificuldade em compreender o ponto de vista de outra pessoa.

Preparação

Escreva sobre como você quer ser feliz em sua própria vida.

Prática

1 Sente-se na almofada ou cadeira em seu espaço de meditação. Pratique a meditação "Respiração de nove ciclos" (pp. 58-9).

2 Traga à mente uma pessoa com quem você está tendo problemas. Talvez seja o seu cônjuge ou uma pessoa de seu grupo na igreja. Talvez um dos pais, irmãos ou alguém do trabalho.

3 Lembre de algo que ela disse que você considerou censurável. Aponte uma possível motivação para os atos ou palavras dela. Em sua raiva, você pode concluir que a pessoa é egoísta, manipuladora e calculista. Talvez você considere as motivações dela prejudiciais e moralmente questionáveis.

4 Reveja o que você escreveu em sua preparação. Agora pense na pessoa com quem você tem problemas. Perceba que, como você, a pessoa está apenas tentando encontrar a própria felicidade. Ela pode estar enganada em seu modo de pensar, e sob o domínio do medo e da raiva, mas a motivação dela é idêntica à sua.

5 Deixe que essa compreensão suavize a visão que você tem da pessoa. Você ainda pode discordar dela, mas pode compreendê-la um pouco melhor. A partir deste lugar de compreensão, você pode começar a curar esse relacionamento.

TODOS OS SERES QUEREM EVITAR O SOFRIMENTO

A única coisa que todos os seres têm em comum é que todos nós queremos evitar a dor e o sofrimento. Refletir sobre essa verdade ajudará você a compreender melhor as motivações dos outros, bem como as suas próprias.

Benefícios

- Ajuda você a entender as motivações dos outros
- Lança luz sobre suas próprias motivações
- Gera amor e compaixão

Esta meditação é muito semelhante à anterior, exceto que desta vez você recorda que cada ser deseja evitar o sofrimento. Esta é a segunda parte da motivação universal. As duas operam de modo simultâneo, mas é bom meditar sobre cada uma em separado, para absorver plenamente a sua importância.

Meditação

Quando

Faça esta meditação quando tiver dificuldade em compreender o ponto de vista de outra pessoa.

Preparação

Primeiro pratique "Todos os seres querem ser felizes". Depois escreva sobre as formas que o motivam a evitar o sofrimento. Por exemplo, você pode ingerir alimentos orgânicos para reduzir o risco de câncer.

Prática

1 Sente-se na almofada ou cadeira em seu espaço de meditação. Pratique a meditação "Respiração de nove ciclos" (pp. 58-9).

2 Traga à mente a mesma pessoa com com quem você tinha problemas na meditação anterior.

3 Lembre de algo que ela disse que você considerou censurável. Aponte motivações para o comportamento que causou raiva em você. Você pode concluir que a pessoa é egoísta, manipuladora e calculista. Talvez você considere as motivações dela prejudiciais e até questionáveis, moralmente.

4 Reveja o que você escreveu em sua preparação. Agora pense na pessoa com quem tem problemas. Perceba que, como você, ela apenas está tentando evitar o sofrimento. Ela pode temer a perda de dinheiro ou de amor e o sofrimento decorrente. Compreenda que a motivação da pessoa para suas ações é idêntica à sua.

5 Deixe que essa compreensão suavize a opinião que você tem da pessoa. Você pode continuar discordando dela, mas também compreendê-la um pouco mais. Deste lugar de compreensão você pode começar a curar essa relação.

TRÊS CATEGORIAS

A equanimidade é um tópico tão importante que incluímos outra meditação sobre o tema. Combine esta meditação com as duas meditações anteriores e descubra por que você, mentalmente, separa as pessoas em três categorias.

Benefícios

- Ajuda você a compreender por que classifica as pessoas em categorias
- Revela o problema subjacente do autocentramento
- Ajuda você a praticar amor e compaixão

A equanimidade é a base do amor e da compaixão. Ela considera todas as pessoas igualmente merecedoras de seu amor e compaixão. Sem ela, você se verá preocupado em classificar as pessoas em três categorias: aquelas que você considera atraentes, aquelas de quem você não gosta e aquelas que lhe são indiferentes. Essa restrição de seu amor e compaixão para aqueles que estão em sua "lista aprovada" diminui a sua liberdade e alegria.

Meditação

Quando

Esta é uma meditação maravilhosa para praticar todos os dias.

Preparação

Pense em alguém que você acha muito atraente, alguém que você acha repulsivo e alguém que não provoca sentimentos em você.

Prática

1 Prepare-se para meditar em seu espaço de meditação. Comece a observar a respiração por alguns minutos para se acalmar e desanuviar a mente.

2 Pense numa pessoa que você considera atraente. Você a está vendo com clareza? Talvez você a tenha posto num pedestal. Você gostaria tanto dessa pessoa se ela não fosse tão bela, inteligente ou engraçada como é?

3 Agora pense numa pessoa que você considera repulsiva. Faça um exercício semelhante. O quadro que você pinta dessa pessoa está completo, ou você a tornou uma caricatura bidimensional? O amor ou atenção por essa pessoa depende de ela ser atraente para você?

4 Por fim, pense numa pessoa desconhecida, que não lhe desperta nenhum sentimento. Você se sente neutro em relação a ela porque ainda não determinou se ela é útil para você ou não? Desse modo, perceba o egocentrismo inerente ao ato de categorizar as pessoas.

5 Visualize as três pessoas à sua frente. Perceba que as três querem ser felizes e evitar o sofrimento. Imagine que sente amor e compaixão pelas três. Observe se assim se sente melhor do que quando as classifica como boas, ruins ou indiferentes.

AFETO

Visualizar que você dá e recebe afeto pode ajudá-lo a se tornar muito mais carinhoso em todos os aspectos de sua vida diária. O mundo precisa de sua ternura.

Benefícios

- Ajuda você a dar e receber afeito
- Promove amor e compaixão
- Torna a sua vida mais agradável e satisfatória

Se você foi magoado quando criança, pode ter dificuldades em dar ou receber um simples abraço. Você pode achar difícil até ser verbalmente afetivo. Suas inibições podem atrapalhar você.

Meditação

Quando

Pratique esta meditação quando estiver pronto para ter mais afeto em sua vida.

Preparação

Escreva sobre suas dificuldades em dar e receber afeto. Elas vêm de sua infância? O afeto não era expresso em sua família?

Prática

1 Sente-se numa almofada ou cadeira no seu espaço de meditação ou encontre um local tranquilo e reservado ao ar livre.

2 Visualize-se recebendo um abraço de uma pessoa próxima a você. Isso é bom e agradável para você? Se não, respire profundamente e relaxe o corpo. Inspire receptividade e relaxamento e expire qualquer medo ou ansiedade de receber afeto. Agora tente a visualização novamente. Repita até sentir-se bem confortável em receber afeto físico.

3 Mentalmente, escolha um amigo de quem você gosta mas em quem você normalmente se abstém de tocar. Imagine que está expressando seu afeto com um abraço carinhoso. Sinta qualquer emoção que surja quando fizer isso. Se você sentir medo ou ansiedade, ou imaginar que a pessoa rejeita você, respire profundamente por alguns minutos, inspirando autoaceitação e expirando o medo de rejeição ou qualquer outro desconforto. Repita a visualização, refazendo o processo até se sentir relaxado e feliz abraçando e sendo abraçado.

4 Termine sua meditação dando permissão a si mesmo para dar e receber afeto na vida diária.

OS SEM-TETO

É fácil esquecer os sem-teto, talvez porque você não queira vê-los ou de fato saber sobre eles. Talvez eles tragam à tona medos inconscientes de que um dia você possa estar no lugar deles. Esta meditação ajudará você a reconhecê-los e a desenvolver compaixão por eles.

Benefícios

- Ajuda você a lidar com um terrível problema social
- Estimula você a ver os sem-teto como indivíduos
- Promove a compaixão

Os sem-teto são numerosos. Eles vivem nos países ocidentais mais prósperos e nos países mais pobres do Terceiro Mundo. Você pode sentir-se crítico em relação a eles ou sentir pena. Nenhum desses pontos de vista é compassivo.

Meditação

Quando

Reflita sobre os sem-teto quando quiser desenvolver mais compaixão.

Preparação

Olhe diretamente para um sem-teto quando encontrá-lo e reconheça-o de algum modo.

Prática

1 Prepare-se para meditar em seu espaço de meditação. Observe a respiração por cinco minutos para acalmar-se e centrar-se.

2 Visualize um sem-teto que você tenha visto na rua. Evoque qualquer sentimento negativo que surgiu. Você culpou a pessoa por sua situação? Você se ressente de sua presença, roupas sujas ou cheiro? Sentiu medo ou pena da pessoa?

3 Imagine que você é essa pessoa. Imagine que você tinha um trabalho e vivia de um salário, mas perdeu o emprego e não tinha economias ou parentes para ajudá-lo. Você começou a beber por causa do stress. Você começou a perder o senso de realidade. Não teve escolha, a não ser viver nas ruas. Você se lava em banheiros públicos e se alimenta de restos do lixo. Você se envergonha quando as pessoas desviam o olhar. Você não sabe como isso aconteceu tão rapidamente. Você se sente oprimido e sem esperança.

4 Veja esse sem-teto como um ser humano que sofre. Condoa-se de seu sofrimento. Se quiser agir movido por compaixão, seja voluntário num abrigo de sem-tetos ou em alguma organização cujo propósito é acabar com essa condição. Se não, da próxima vez que você vir um sem-teto, reconheça-o e considere-o um indivíduo merecedor de amor e compaixão.

INTERCONEXÃO

Você está conectado com todas as coisas e todas as pessoas. Esta meditação sobre esse fato importante ajudará você a neutralizar sentimentos de alienação, solidão ou falta de significado, e aumentar seu senso de conexão amorosa com todos os seres.

Benefícios

- Proporciona um antídoto para a sensação de que você está separado
- Ajuda você a sentir que sua vida tem significado
- Promove amor e compaixão

A interconexão não é apenas uma ideia espiritual. A física quântica constatou que você está intimamente conectado com toda realidade. Na verdade, os físicos apenas podem observar as partículas das quais você é feito por meio de suas interações com outros sistemas. Você pode se sentir sozinho e separado, mas fique tranquilo, porque não está.

Meditação

Quando

Faça esta meditação se estiver se sentindo sozinho, oprimido e alienado.

Preparação

Compre uma maçã no mercado.

Prática

1 Sente-se numa almofada ou cadeira em seu espaço de meditação. Leve a maçã com você. Observe a respiração por alguns minutos para acalmar sua mente.

2 Coloque a maçã no altar ou numa mesa à sua frente. Visualize a semente de onde veio a maçã. Visualize um agricultor plantando a semente e fertilizando o chão. As nuvens vêm e vão e a chuva umedece a terra. Por anos, o agricultor cuidou da árvore, que também é um lar para pássaros e insetos, até que um dia ela dá frutos. Ele contrata trabalhadores para colher a fruta. Estes acondicionam sua maçã junto com outras num engradado. O agricultor leva a sua maçã para um mercado de atacado. O atacadista compra sua maçã e vende-a para o supermercado. Outro motorista a entrega no supermercado. Um funcionário do supermercado arruma a maçã na pratileira. Você chega e pega essa maçã para usar na sua meditação.

3 Visualize a macieira e todas as pessoas e equipamentos envolvidos na chegada dessa maçã até você. Você pode ampliar esta meditação seguindo o curso de cada aspecto do processo, incluindo as pessoas que compraram o veículo que entregou sua maçã. Em cada momento dado você está conectado com um infinito número de seres. Você não pode existir sem eles. Você está enredado numa teia cósmica de criação.

4 Termine sua meditação comendo a maçã. Sinta sua conexão com cada pessoa que tornou isso possível.

SER ÚTIL

Nossa vida tem um propósito maior do que apenas nosso próprio conforto e realização pessoal. Esta meditação ajudará você a expandir o significado de sua vida para incluir o serviço aos outros, bem como a si mesmo.

Benefícios

- Expande a sua motivação para viver
- Dá à sua vida um significado mais profundo
- Promove o amor e a compaixão pelos outros

Talvez você se pergunte como poderia ser útil para sua família, sua igreja, sua comunidade, seu país e o mundo. O amor e o serviço começam em casa. Aprenda a servir as pessoas de seu círculo imediato de maneira desinteressada. Tente tornar seus relacionamentos com amigos e família mais agradável e menos exigente.

Meditação

Quando

Pratique esta meditação quando quiser ajudar os outros.

Preparação

Pense em como você poderia servir melhor à sua família e amigos.

Prática

1 Saia para uma longa caminhada. Siga sua respiração durante alguns quarteirões.

2 Traga à mente os membros de sua família e os amigos. Pergunte a si mesmo como poderia ser útil a cada um deles e realmente ajudar. Considere cada pessoa individualmente. Pense no que poderia fazer para tornar a vida delas mais fácil. Pode ser algo muito pequeno. Por exemplo, servir de babá para seu sobrinho uma vez por mês, para que sua irmã possa sair com o marido à noite. Talvez você decida estar mais disponível para sua mãe, que precisa de alguém com quem conversar desde que seu pai faleceu.

3 Agora pense em suas próprias necessidades. Como você pode dar uma mão para os outros e ainda assim cuidar de si mesmo? Mude seu foco para os outros de um modo equilibrado e realista, segundo suas possibilidades. Observe se o fato de considerar como satisfazer as necessidades dos outros eleva o seu espírito.

4 Termine sua meditação assim que chegar ao fim de seu passeio.

AMOR E APEGO

Como você aprendeu na meditação do "Amor incondicional" nas pp. 242-43, o amor verdadeiro não impõe condições à outra pessoa nem requer que elas façam alguma coisa para merecer o seu amor. Esta meditação explora o mesmo tema de um modo um pouco diferente.

Benefícios

- Esclarece a diferença entre amor e apego
- Promove o amor verdadeiro
- Melhora os seus relacionamentos

Meditação

Quando

Esta é uma boa meditação para quando você estiver se apaixonando.

Preparação

Escreva sobre a nova pessoa em sua vida, observando as razões pelas quais você sente que a ama.

Prática

1 Sente-se na almofada ou cadeira no espaço de meditação. Respire profundamente por vários minutos. Agora estenda-se no chão de modo confortável.

2 Imagine que você está deitado na grama de um parque. De repente um lindo pássaro pousa perto de você. É perfeito. Você nunca viu um pássaro assim antes. Seu coração se enche de alegria ao observá-lo ali perto, olhando você com curiosidade. Você sabe que ele também

Nesta meditação você distingue o cuidado genuíno da projeção não realista. É comum confundir atração sexual e dependência de amor. É também comum fantasiar sobre uma pessoa, projetar nela qualidades ampliadas e confundir isso com amor. Nesse caso, a pessoa que você ama não existe realmente e você se descobre apegado a uma ilusão.

está gostando de estar com você. Ele fica perto de você por muito tempo. De repente, sopra uma brisa e o pássaro desaparece nas árvores. Você se sente grato por ter conhecido um ser tão belo e está feliz por saber que ele existe. Você agradece pelo tempo que vocês passaram juntos.

3 Essa é a experiência de amor sem apego. Tente manter isso em mente ao iniciar o novo relacionamento.

AMOR ILIMITADO

Esta meditação é uma boa companhia para o "Amor incondicional". Não apenas o amor pode existir sem condições, mas também pode ser ilimitado e incluir todas as pessoas em sua vida, não apenas as especiais.

Benefícios

- Amplia a sua capacidade de amar
- Neutraliza a ideia de que o amor é limitado
- Promove o desenvolvimento espiritual

Você pode chegar à conclusão que existe apenas uma determinada quantidade de amor que você pode dar. Quando alcança o fim do seu estoque, acabou. Portanto, talvez você se veja racionando o seu amor, garantindo a sua conservação e estendendo-o apenas às pessoas mais importantes para você: seu parceiro, família e melhores amigos. Essa é uma falsa suposição, uma vez que a natureza do amor é a de ser infinito e ilimitado.

Meditação

Quando

Faça esta meditação quando sentir que só tem uma quantidade determinada de amor para dar.

Preparação

Pense em dez pessoas importantes e nos motivos de você as amar.

Prática

1 Sente-se numa almofada ou cadeira no espaço de meditação. No altar, ponha a imagem de um ser que, a seu ver, incorpora o amor ilimitado. Talvez Deus, Cristo, Buda, Quan Yin, Maria, algum professor seu ou qualquer pessoa que escolher. Passe alguns minutos olhando para a imagem e contemplando como o amor da divindade ou professor toca você.

2 Imagine ampliar esse amor ilimitado a todas as pessoas com quem você entra em contato. Visualize que tem um coração sem fronteiras, sinta que seu amor é uma fonte extremamente profunda que fluirá para sempre. Imagine que seu amor cobre todo o planeta e os seres dentro dele. Todos os seres são dignos de seu amor não obstante quem sejam. Sinta que seu amor se irradia do coração num fluxo interminável. Você não tem medo, é compassivo e incansável em sua capacidade de dar amor.

3 Agora estenda o seu amor ilimitado para si mesmo, criando um círculo completo. Termine sua meditação colocando ambas as mãos sobre o coração e agradecendo à divindade no seu altar por seu amor e inspiração.

O VOTO DO BODHISATTVA

No Budismo Mahayana, um *Bodhisattva* é alguém que já atingiu a iluminação, mas que adia a sua entrada no nirvana por causa da profunda compaixão pelos outros. Esta meditação familiariza você com o voto.

Benefícios

- Apresenta o voto do *Bodhisattva* a você
- Promove uma motivação mais elevada para viver
- Ajuda a desenvolver a compaixão por si mesmo e pelos outros

O núcleo do caminho do Budismo Mahayana é o voto do *Bodhisattva*. Ao fazer o voto, você se compromete a atingir a iluminação para libertar todos os seres do sofrimento. A ênfase é na compaixão e no serviço. Você faz o voto de ajudar as outras pessoas enquanto desperta a si mesmo, por meio da prática das Seis Perfeições ou Seis Virtudes, chamadas de *Paramitas*. Essas Seis Perfeições são: generosidade, moralidade, paciência, entusiasmo, meditação e sabedoria. Você não precisa ser budista ou fazer o voto para meditar nas Seis Perfeições.

Meditação

Quando

Faça esta meditação se quiser que essas virtudes sustentem sua vida.

Preparação

Memorize as Seis Perfeições.

Prática

1 Sente-se numa almofada ou cadeira num local tranquilo. Faça a meditação da consciência da respiração por 5 minutos para acalmar a mente e se preparar para focar nas Perfeições.

2 Pense em formas de ser generoso com suas posses materiais, como doar dinheiro para instituições beneficentes. Trabalhe para tornar a vida mais segura para as pessoas e seja generoso quanto a partilhar seu conhecimento espiritual.

3 Contemple a moralidade e na melhor forma de evitar ações prejudiciais, viver uma vida ética e trabalhar pelo benefício dos outros.

4 Pense sobre a paciência e em como tolerar as injúrias e insultos sem se zangar, como suportar com coragem os reveses e ser paciente enquanto você tenta se desenvolver espiritualmente.

5 Considere como desenvolver o entusiasmo por seu caminho espiritual, sustentar seu interesse por ele e abster-se de desistir de si mesmo.

6 Contemple a meditação e como controlar sua mente, desenvolver qualidades positivas por meio de sua prática e desenvolver uma mente pacífica e calma.

7 Pense sobre a sabedoria e em como entender a verdadeira natureza da realidade. Compreenda que tudo o que você faz tem consequências e tudo é interdependente; saiba o que de fato pode ajudar os outros.

SOLUÇÃO DE PROBLEMAS

MEDITAÇÕES PARA A SOLUÇÃO DE PROBLEMAS

A meditação é um recurso poderoso para resolver problemas. Ela ajuda você a se concentrar no que está incomodando, de uma maneira que o pensamento comum não faz. Quando você sentir que a vida está derrotando você, volte-se para a meditação para acalmar a sua ansiedade. Então continue a meditar para enfrentar seus problemas diretamente e descobrir maneiras criativas e eficazes de superá-los.

Muitas pessoas já observaram que se não fosse por um infortúnio específico, elas não teriam encontrado seu verdadeiro amor. Ou se elas não tivessem ficado gravemente doentes, nunca teriam aprendido a apreciar a vida plenamente. Esta seção começa com "Crise equivale a oportunidade", uma meditação excelente para encontrar o ouro oculto nas cinzas do que parece devastador.

Se você é uma pessoa controladora, não está sozinha. Se você tem problemas com o excesso de controle em relação a si mesmo, aos outros ou ao ambiente, experimente "Você pode relaxar agora" para ajudar você a compreender de que forma o medo pode estar impelindo você. Às vezes, você pode ter problemas que o desafiam moral e eticamente. "Caminho Reto" ajuda você a permanecer fiel aos seus valores nas situações difíceis, especialmente quando fazer a coisa certa pode ter algumas consequências negativas para a sua vida. Experimente "A solução por meio da caminhada" para ajudá-lo a fazer a meditação em movimento ter um efeito sobre o que o está incomodando. Se você estiver estressado por causa de dinheiro – seja por tê-lo, por não tê-lo ou por desejá-lo – experimente "Faça as pazes com o dinheiro". E se estiver com dívidas, tente "Saia das dívidas" para ajudar você a se disciplinar com os gastos.

O trabalho compulsivo costumava ser considerado um problema; hoje se espera que você trabalhe longas horas para progredir. "Viciado em trabalho" ajudará você a questionar por que está trabalhando tanto e a conseguir mais equilíbrio em sua vida. "Encare o espelho" ajudará você a reconhecer seus problemas, sejam eles quais forem. "Peça ajuda" auxiliará você a conseguir a ajuda de que necessita.

Ver o mundo de forma sombria pode ser um problema. "Pensamento negativo" ajudará você a superar seus pensamentos derrotistas. "Responsabilidade", a última meditação nesta seção, o fortalecerá para que assuma total responsabilidade por sua vida.

CRISE EQUIVALE A OPORTUNIDADE

Quando uma crise ocorre, você pode optar por vê-la como um desastre ou pode considerá-la uma oportunidade. Esta meditação ajudará você a se concentrar mais positivamente na oportunidade.

Benefícios

- Ajuda você a desenvolver uma perspectiva positiva
- Promove flexibilidade e criatividade
- Reduz o stress durante uma crise

Uma crise pode variar de estressante a aniquiladora. Talvez numa sexta-feira à tarde você receba a inesperada notícia de sua demissão e é solicitado a esvaziar sua mesa e a sair no fim do expediente. Ou pior, sua casa pode sofrer um incêndio e ser destruída. A sua primeira reação talvez seja a de remoer o desastre, mas depois que o choque passa você pode escolher uma perspectiva diferente.

Meditação

Quando

Esta meditação ajudará você numa crise.

Preparação

Escreva três páginas sobre o que aconteceu com você. Leve suas anotações à sessão de meditação.

Prática

1 Sente-se numa almofada ou cadeira no seu seu espaço de meditação. Acenda uma vela e, se tiver um altar, faça oferendas de flores e incenso para o seu poder superior. Medite observando sua respiração por 10 minutos. Quando sentir-se mais calmo, vá para o passo seguinte.

2 Conte ao seu poder superior o que lhe aconteceu. Se sentir vontade de chorar, não reprima.

3 Agora peça ao seu poder superior para ajudar você a ver algo positivo que possa resultar dessa crise. Sente-se em silêncio e reze para que uma visão mais expandida ajude você a atravessar esse período difícil. Reze para que seu coração e mente estejam abertos para enxergar a oportunidade nessa crise.

4 Agora escreva sobre as oportunidades que podem se apresentar no meio desse desastre. Talvez você aprenda algo novo, encontre um emprego melhor ou inicie uma vida inteiramente nova. Se você perdeu todas as suas posses, concentre-se na liberdade, em vez da perda. Mesmo que pareça difícil e que você não creia realmente no que estiver escrevendo, escreva mesmo assim. Isso plantará a semente para que você realmente sinta a oportunidade.

5 Termine a meditação agradecendo ao seu poder superior por ajudar você nesse momento difícil.

VOCÊ PODE RELAXAR AGORA

Você tem problemas com o controle? Alguém já lhe disse que você é controlador? Esta meditação ajudará você a aprender a relaxar.

Benefícios

- Torna a vida mais agradável para você e para os outros
- Ajuda você a compreender que tudo muda
- Ajuda você a aprender a relaxar quanto ao desejo de controlar tudo

Se você for uma pessoa controladora, é importante ir além de seus sintomas – a sua necessidade de controlar as ações das pessoas amadas ou de ter todas as coisas sempre no seu lugar e se perguntar qual é o seu medo. O medo geralmente motiva o desejo de controlar os outros ou o seu espaço físico.

Meditação

Quando

Se você já ouviu muitas queixas sobre seu comportamento controlador, talvez queira experimentar esta meditação.

Preparação

Escreva sobre três ocasiões em que você se lembra de ter sentido ansiedade e desejo de controlar o comportamento de outra pessoa, mesmo se isso parecesse justificado naquela ocasião.

Prática

1 Sente-se numa almofada ou cadeira no seu espaço de meditação. Observe sua respiração por 5 minutos.

2 Escolha um dos acontecimetos que você descreveu. Tente lembrar de todos os detalhes. Sinta o que você sentiu na ocasião. Talvez seu companheiro tenha deslocado uma cadeira sem recolocá-la no lugar ao sair da sala. O seu primeiro sentimento foi de raiva?

3 Pergunte a si mesmo por que é tão importante ter as coisas do modo que você quer, especialmente quando você está partilhando a vida com outra pessoa. Se você não sentiu raiva, era medo? Você teme que algo inesperado possa acontecer e você vai se sentir sozinho, impotente, abandonado? Você está tentando impedir que aconteçam coisas inesperadas e capazes de magoá-lo ao controlar seu ambiente, as pessoas à sua volta e o futuro? Investigue o medo por trás de sua necessidade de controle.

4 Comprometa-se a relaxar um pouco de cada vez todos os dias, procurando o medo subjacente à necessidade de controle. Relaxe seu domínio sobre as coisas e observe que geralmente nada de terrível acontece. Seja gentil e paciente com você nesse processo.

CAMINHO RETO

Se você estiver frente a uma decisão difícil de ser tomada, na qual "fazer a coisa certa" pode ter consequências negativas para você, talvez seja difícil seguir seus princípios morais e éticos. Esta meditação ajudará você a seguir o "caminho reto", se você escolher fazer isso.

Benefícios

- Ajuda você a esclarecer os seus valores morais e éticos
- Ajuda você a tomar uma decisão, seja ela qual for
- Incentiva você a aderir a valores baseados na compaixão

Meditação

Quando

Faça esta meditação para ajudar você a viver conforme seus valores.

Preparação

Escreva sobre os valores que você preza em seu diário.

Prática

1 Sente-se numa almofada ou cadeira e observe sua respiração por 5 minutos.

2 Traga à mente a situação que incomoda você. Se não houvesse consequências negativas, o que você faria? Qual ação seria mais congruente com os seus valores? Visualize-se conversando com quem você precisa e agindo de qualquer forma que você sinta ser apropriada.

3 Visualize a mesma situação, mas dessa vez traga à mente quaisquer consequências negativas

Algum amigo já confessou para você que está roubando material de trabalho e vendendo para terceiros? Você sente que não suporta mais trabalhar para sua empresa porque os gerentes deliberadamente desconsideram as leis ambientais e, no entanto, você precisa desesperadamente de seu emprego? Essas situações são típicas para incontáveis indivíduos diariamente. Esta meditação pode ajudar você a decidir o que fazer.

que possam ocorrer a você se fizer o que sente que é certo. Imagine como se sentiria se perdesse seu emprego ou seu amigo? Você se sentiria melhor se agisse do modo como gostaria de viver a sua vida? Agir de acordo com seus princípios ajudaria algumas pessoas e prejudicaria outras?

4 Às vezes não existem respostas objetivas, mas passar um tempo em silêncio tentando tomar decisões éticas é a melhor maneira de saber o que é melhor. Peça ao seu poder superior para ajudar você a tomar a decisão mais compassiva para você mesmo e qualquer outra pessoa envolvida.

A SOLUÇÃO POR MEIO DA CAMINHADA

Problemas difíceis às vezes são mais bem resolvidos quando você faz uma longa caminhada para ajudar a ordenar as coisas em sua mente. Esta meditação ajudará você a esclarecer seus problemas enquanto caminha.

Benefícios

- Promove o movimento para ajudar a resolver problemas
- Ajuda você a avaliar como se sente
- Ajuda você a organizar os problemas

O movimento físico energiza. Caminhar ajuda a mover energias estagnadas, promove melhor circulação, solta articulações rígidas e gera o pensamento criativo. Se você tem um problema para esclarecer, experimente fazer uma longa caminhada para enfocar sua mente e expandir suas opções.

Meditação

Quando

Se você tem meditado sobre um problema e nenhuma solução surgiu, faça esta meditação.

Preparação

Vista-se de modo apropriado, com sapatos confortáveis. Leve água com você se considerar necessário. Escolha um percurso que leve uma hora de caminhada.

Prática

1 Comece sua caminhada concentrando-se em sua respiração por 5 minutos, para acalmar a mente e firmar sua caminhada.

2 Traga à mente o problema que parece insolúvel. Visualize que cada passo seu aproximará você de uma solução. Então concentre-se em seu dilema. Por exemplo, se tiver dúvidas quanto a voltar para a faculdade, imagine, durante 5 a 10 minutos de percurso, que decidiu voltar. Veja como seu corpo e mente respondem.

3 Pelos próximos 5 a 10 minutos, mude para a decisão de não voltar para a faculdade. Perceba como seu corpo e mente respondem.

4 Agora pelo resto da caminhada, solicite uma terceira solução, desconhecida. Por exemplo, além de voltar ou não para a faculdade, pode ser obter um estágio ou período de aprendizado de um trabalho. Abra-se para uma surpresa criativa.

FAÇA AS PAZES COM O DINHEIRO

O dinheiro – ganhá-lo, possuí-lo, desejá-lo – é essencial para a vida da maioria das pessoas e uma fonte de grande ansiedade para muitos. Esta meditação ajuda você a fazer as pazes com o dinheiro.

Benefícios

- Ajuda a dar perspectiva ao dinheiro
- Reduz a ansiedade acerca do dinheiro
- Promove uma visão menos materialista da vida

O dinheiro tornou-se o principal meio de troca entre as pessoas de nossas culturas. O dinheiro determina o valor de nosso tempo, de nossas posses e do nosso trabalho. Coletivamente, enquanto cultura, nós entramos nessa tendência de medir cada aspecto da vida em termos de dinheiro. Mas há coisas além do dinheiro relativas às nossas interações e ao nosso ser. Esta meditação pode ajudar você a se libertar dessa visão limitada e materialista da vida, e ajudá-lo a fazer as pazes com o dinheiro.

Meditação

Quando

Faça esta meditação se estiver pensando em dinheiro de modo obcecado.

Preparação

Escreva sobre o significado e o papel do dinheiro em sua vida.

Prática

1 Sente-se numa almofada ou cadeira em seu espaço de meditação. Garanta sua privacidade e silêncio. Respire por alguns minutos profundamente para esvaziar a mente e relaxar o corpo.

2 Reveja o que escreveu na preparação e ponha de lado. Explore como se sente quando você tem dinheiro. Sente-se mais real ou substancial? Sente que existe de modo mais sólido do que quando não tem dinheiro?

3 Agora imagine como se sente quando não tem dinheiro. Você se sente diminuído, sem importância e menos valorizado como pessoa? Perceba que você não se torna mais sólido ou menos substancial quando tem ou não tem dinheiro. Contemple como o dinheiro funciona como uma ideia, fazendo você se sentir mais ou menos valorizado.

4 Contemple dez coisas que não se pode medir monetariamente. Sua lista pode incluir o olhar amoroso de seu parceiro, uma conversa excelente com um amigo, a risada do seu filho ou o jeito brincalhão de seu animal de estimação.

5 Termine sua meditação afirmando que você tem valor com ou sem dinheiro. Comprometa-se a refletir sobre o significado do dinheiro para ajudar você a neutralizar a mensagem cultural do materialismo. Procure e valorize as experiências que o dinheiro não pode comprar.

SAIA DAS DÍVIDAS

As dívidas com cartões de crédito estão aumentando. O hábito de viver acima de suas posses pode estar deprimindo você mental, física e espiritualmente. Esta meditação vai ajudar você a encontrar coragem para sair dessa situação.

Benefícios

- Ajuda você a admitir que tem dívidas
- Apoia você na eliminação das dívidas
- Promove a consciência dos efeitos negativos das dívidas

Como o crédito é fácil de obter, ele é fácil de usar. Quando você quer algo, o seu impulso é desejá-lo agora. O saldo do seu cartão de crédito pode estar subindo todos os meses; você jura que vai começar a pagar, mas primeiro tem que comprar só mais uma coisa. E assim vai. Esta meditação ajudará você a enfrentar a sua dívida e a fazer alguma coisa para reduzi-la.

Meditação

Quando

Caso você tenha dívidas com o cartão de crédito, pratique esta meditação todas as semanas até saldar as dívidas.

Preparação

Reúna suas faturas de cartão de crédito e quaisquer registros de dívidas do carro, casa ou outros.

Prática

1 Sente-se numa almofada ou cadeira no seu espaço de meditação. Acenda uma vela para ajudar você a se concentrar. Coloque em seu altar, caso tenha um.

2 Junte todas seus extratos e some o montante de sua dívida. Diga a quantia em voz alta: "Eu devo [tanto]. Deixe que esse fato ressoe em sua consciência. Como se sente ao verbalizar isso? Se sentir torpor, medo, ansiedade ou vergonha, perceba isso. Como seu corpo se sente quando você fala em voz alta a quantia? Você sente tensão ou a respiração contraída?

3 Depois de ter admitido para si mesmo o montante de sua dívida, crie um sentimento de compaixão por si mesmo e suas dificuldades de controlar seus gastos. Desse lugar de compaixão, comprometa-se a acabar com as dívidas, por mais tempo que leve. Peça ao seu poder superior para ajudar você a controlar seus gastos e dar-lhe a coragem de buscar ajuda profissional se isso for necessário.

4 Termine sua meditação colocando seus extratos de contas e cartões de crédito no seu altar. Faça uma promessa ao seu poder superior de que você vai parar de comprar a crédito e reduzirá a quantia que deve a cada mês, reduzindo um pouco o montante da dívida.

VICIADO EM TRABALHO

O que costumava ser chamado de vício de trabalho está se tornando rapidamente a norma para os funcionários administrativos. Se você quiser competir no mundo corporativo, terá que enfrentar longas horas de trabalho e levar trabalho para casa. Esta meditação ajudará você a encontrar uma alternativa melhor.

Benefícios

- Desafia a ética predominante de trabalho
- Promove uma vida equilibrada
- Ajuda você a parar de usar o trabalho para evitar intimidade

Se você for um profissional, pode estar ganhando um salário impressionante. Mas se examinar mais de perto, talvez esteja trabalhando 80 horas por semana, jantando fora todas as noites por estar exausto demais para cozinhar, e levando suas roupas para lavar fora, por não ter tempo de lavar em casa. Talvez você deva passar seu tempo fazendo contatos de negócios e ter que viajar num piscar de olhos. O que está errado com esse cenário?

Meditação

Quando

Faça esta meditação se estiver questionando o seu estilo acelerado de vida.

Preparação

Registre durante uma semana a sua agenda típica.

Prática

1 Sente-se numa almofada ou cadeira no seu espaço de meditação. Observe a sua respiração por 5 minutos.

2 Examine sua agenda. Quanto tempo você passou com as pessoas queridas ou amigos? Você teve oito horas de sono por noite? Quando você relaxou e brincou durante a semana? Você se alimentou bem e fez exercícios? Você cuidou de sua vida espiritual? Você está usando suas atividades febris para evitar a intimidade? Quanto você está realmente ganhando por hora?

3 Agora contemple seus objetivos de longo prazo. O que você quer realizar? Quando estiver em seu leito de morte, como desejará ter passado a vida?

4 Pense sobre as qualidades que gostaria de manifestar em sua vida. Você deseja afetividade, amor, diversão, desenvolvimento espiritual e passar mais tempo em meio à natureza? De que modo a sua vida atual está ajudando você a ter a qualidade de vida que deseja?

5 Termine sua meditação afirmando o que é mais importante para você e comprometendo-se a criar uma vida mais equilibrada.

ENFRENTANDO O ESPELHO

Todas as pessoas têm dificuldades e problemas que persistem com o tempo. Você não está sozinho nesse aspecto. É hora de enfrentar seus problemas diretamente, com coragem e honestidade.

Benefícios

- Ajuda você a ir além da negação
- Estimula você a enfrentar seus problemas
- Promove honestidade e autoaceitação

Esta é uma meditação simples para superar a negação. Admitir que você tem um problema pode ser difícil. Você pode se sentir constrangido ou envergonhado, de modo que simplesmente evita pensar sobre o assunto, esperando que o problema se resolva num passe de mágica. Talvez você tenha um sintoma físico que está com medo de examinar por temer que seja câncer. Ou você é um comprador compulsivo e está começando a perder o controle. Ou você sabe que está além do sobrepeso e, segundo a tabela, agora está obeso. É natural ter problemas. O importante é que você os enfrente.

Meditação

Quando

Faça esta meditação quando sentir que está evitando seus problemas.

Preparação

Procure um espelho grande e fique em pé na frente dele.

Prática

1 Reserve um tempo quando puder ficar sozinho. Fique em frente do espelho do banheiro ou de um espelho de corpo inteiro.

2 Olhe para o seu reflexo. Falando alto, diga a si mesmo três coisas que aprecia sobre si mesmo. Talvez você seja um bom ouvinte, uma pessoa muito inteligente ou um ótimo cozinheiro. Ame a pessoa que olha para você. Diga que você sabe que está lutando mas que é importante admitir o problema que está pesando em você.

3 Em voz alta e clara, fale a si mesmo sobre o problema que está evitando. Por exemplo, você pode dizer: "estou com excesso de peso e preciso emagrecer pela minha saúde e bem-estar". Repita sua declaração três vezes.

4 Agora comprometa-se a dar um passo para resolver seu problema nas próximas 24 horas. Fale alto sobre o que pretende fazer. Repita três vezes.

5 Termine a meditação dando parabéns a si mesmo por sua coragem e honestidade.

PEÇA AJUDA

Se você tiver um problema, talvez considere difícil pedir ajuda. Talvez você sinta que prefere morrer a expor o seu problema para qualquer um. Esta meditação ajuda você a superar a vergonha para obter a ajuda de que precisa.

Benefícios

- Ajuda você a obter a ajuda de que precisa
- Reduz a vergonha
- Dá apoio e encorajamento

Existem muito mais recursos hoje para se obter ajuda com os problemas psicológicos, espirituais, de saúde e financeiros do que antigamente. E mais pessoas estão fazendo uso deles. Por exemplo, o estigma outrora vinculado à psicoterapia quase desapareceu. Mas por diversas razões – como o orgulho, a negação e o medo – talvez seja difícil para você obter a ajuda de que precisa.

Meditação

Quando

Caso você tenha dificuldades que não consegue resolver sozinho, mas considera difícil pedir ajuda, esta meditação é para você.

Preparação

Admita que você precisa de ajuda para resolver seus problemas.

Prática

1 Sente-se numa almofada ou cadeira no seu espaço de meditação. Respire por alguns minutos profundamente. Visualize seu poder superior à sua frente. Se não crê num poder superior, imagine o aspecto de sabedoria de si mesmo sentando à sua frente.

2 Fale com seu poder superior sobre as dificuldades que você está tendo. Se estiver lutando contra um vício, diga-lhe isso. Se precisar de ajuda para lidar com sua raiva, fale sobre isso. Seja o que for, sinta-se livre para contar tudo. Visualize seu poder superior ouvindo você compassivamente e sem julgar.

3 Conte ao seu poder superior por que você tem dificuldade em pedir ajuda. Admita que precisa de ajuda para superar seus problemas e peça pela ajuda dele para dar aquele telefonema ou marcar aquela entrevista. Imagine que ele fica feliz por você ter admitido seu problema, com a sabedoria de compreender que não consegue lidar com ele sozinho. Imagine seu poder superior prometendo que estará ao seu lado o tempo todo.

4 Termine sua meditação comprometendo-se e envolvendo seu poder superior para conseguir ajuda. Compreenda que esse é um sinal de sua coragem e inteligência.

PENSAMENTO NEGATIVO

O pensamento negativo é um dos problemas mais disseminados e universais do gênero humano. Se você pensa de maneira negativa, talvez não perceba o poder que esse hábito tem sobre a sua vida.

Benefícios

- Expõe o seu hábito de pensar negativamente
- Examina as razões para o pensamento negativo
- Promove uma visão mais positiva da vida

Meditação

Quando

Esta meditação é incomum, no sentido de que você a pratica por um dia inteiro.

Preparação

Pense sobre as maneiras em que você costuma ser negativo em seus pensamentos ou diálogo.

Prática

1 Durante um dia inteiro, abstenha-se de dizer ou pensar em qualquer coisa negativa. Perceba quando você teve o impulso de fazer um comentário negativo ou sarcástico ou teve pensamentos negativos sobre alguém ou algo. À medida que testemunha o surgimento de seus pensamentos negativos, talvez fique espantado com o nível de negatividade de sua mente.

O modo como você pensa determina a sua realidade. Se a sua primeira tendência é ver o mundo de forma sombria, você viverá num mundo sombrio. Se o seu hábito for concentrar a atenção no que está errado com uma pessoa, uma ideia ou coisa, o mundo não será um lugar satisfatório para você. Talvez você pense que simplesmente está sendo realista, inteligente ou perspicaz, mas na verdade está preso numa visão deturpada do mundo. O pensamento negativo é ruim para sua saúde, seus relacionamentos e sua vida espiritual.

2 Seja gentil consigo mesmo e simplesmente perceba a negatividade. Não se puna por causa dela. Ria um pouco da quantidade de agressão que sua mente pode conter. Use esta meditação para começar a ser mais positivo e favorável em seus pensamentos e palavras.

RESPONSABILIDADE

É fácil pôr a culpa nos outros pelos seus problemas. O hábito de atribuir culpa pelas suas próprias ações – aos outros, ao tempo, à economia ou a qualquer outra coisa – é desonesto e incapacitante.

Benefícios

- Ajuda você a ser responsável pelas suas ações
- Incentiva a honestidade
- Reduz o hábito de culpar

Se você está jogando o jogo da culpa, está apenas ferindo a si mesmo. Talvez você tema olhar para o seu próprio comportamento, ou tema a crítica e o fracasso. Você olha para qualquer lugar, menos para si mesmo quando as coisas não vão bem. Mas quando não se sente responsável por suas próprias ações, você se priva da oportunidade de aprender e crescer.

Meditação

Quando

Faça esta meditação quando você se vir procurando culpados.

Preparação

Relembre um acontecimento recente em que você culpou outras pessoas por suas dificuldades.

Prática

1 Sente-se numa almofada ou cadeira em seu espaço de meditação. Observe a sua respiração por 5 minutos.

2 Pense em uma situação ou projeto em que as coisas deram errado, não por algo que você fez, mas devido às ações de alguém. Por exemplo, pode ter terminado uma proposta importante cujo prazo era o dia seguinte e pedido ao seu assistente para que a enviasse, mas ele não cumpriu a tarefa. Quando seu chefe ficou furioso, você, por sua vez, pôs a culpa em seu assistente. Como você se sentiu quando culpou o seu assistente?

3 Agora adote o ponto de vista de que a responsabilidade de escrever a proposta e entregá-la no prazo era sua. Qual a sensação? Você se sente mais fortalecido? Quando você se sente totalmente responsável, é possível aprender com seus erros. Talvez da próxima vez você termine a proposta mais cedo e confira se ela foi enviada um dia antes.

4 Pense numa situação semelhante na qual você responsabilizou outra pessoa pelo seu fracasso. Reconsidere a situação e, dessa vez, assuma a responsabilidade total. O que você aprendeu? De que modo você se fortaleceu ao ser responsável?

MANIFESTANDO SEUS SONHOS

MEDITAÇÕES PARA MANIFESTAR SEUS SONHOS

Por meio da atenção focada e da visualização, você pode envolver seu coração e sua mente na criação da vida que deseja. Ao meditar sobre o que deseja manifestar, você concentra sua energia e apoia seus esforços. Por meio da meditação, você envolve sua mente subconsciente poderosa para manifestar o que deseja na vida. Você também esclarece sua motivação e as razões para desejar que seus sonhos se realizem. Dessa maneira você pode optar por garantir que o que você deseja beneficia não apenas você mesmo mas também a todas as pessoas. A primeira meditação, "Para o bem maior", explora esse aspecto.

É muito frequente que nossos sonhos de infância sejam postos de lado quando ficamos adultos. A meditação "Tesouro oculto" ajuda você a desenterrar seus próprios sonhos perdidos. Se você não estiver feliz com seu trabalho, "Trabalho da alma" ajudará você a encontrar o trabalho que alimenta a sua alma. Onde você mora pode ser tão importante para sua felicidade quanto o que você faz. "Um lugar vital" ajuda você a explorar onde você vai desabrochar.

Todos nós queremos aquela pessoa especial em nossa vida que será nossa alma gêmea. Essa pessoa com frequência é um companheiro de viagem numa jornada espiritual, uma pessoa que conhecemos tão bem e com quem temos uma ligação tão profunda que sentimos que já a conhecemos há várias vidas. "Alma gêmea" vai ajudar você a encontrar essa pessoa. Sua casa é uma extensão sua e um lar para sua alma. "Casa espiritual" ajudará você a tornar sagrado o lugar onde você vive.

Se você quiser manifestar seus sonhos, às vezes é preciso dar um salto. "Dê o salto" ajudará você a encontrar a coragem para tanto. Se você costuma procrastinar, os seus sonhos provavelmente estão sendo adiados. "Procrastinação" ajuda você colocar-se em ação por meio da meditação. Você toma muitas decisões todos os dias. Por que não deixar que o seu superior faça isso com "Tomada de decisão espiritual"?

Se você for uma pessoa visual, tente fazer um "Mapa dos sonhos" em que cria um retrato visual dos sonhos que você gostaria de tornar realidade. "Dê o próximo passo" ajuda você a reconhecer e desempenhar a ação correta para manifestar seu sonho. "Siga sua bem-aventurança" pede que você deixe a alegria guiar cada decisão sua. Antes de manifestar seus sonhos, talvez seja necessário que você libere os obstáculos. "Deixe o seu passado para trás" ajudará você a deixar para trás a antiga bagagem emocional que fica no seu caminho e dos seus sonhos. Finalmente, se você for um "viajante de poltrona", transforme-se num viajante real em "Viajante".

PARA O BEM MAIOR

Se você tem um sonho – iniciar um negócio, construir uma casa, escrever um livro – manifeste o seu sonho não apenas para si mesmo, mas para o bem maior de todos.

Benefícios

- Reduz o egoísmo
- Conecta você com todos os outros seres
- Estimula a sabedoria

Meditação

Quando

Faça esta meditação se quiser iniciar um projeto ou manifestar um sonho.

Preparação

Escreva sobre o que você gostaria de manifestar. Pode ser uma relação, um negócio, um lar – o que o seu coração desejar.

Prática

1 Sente-se numa almofada ou cadeira no seu espaço de meditação. Acenda uma vela e coloque-a no altar. Convide seu poder superior a se unir a você nesta meditação e guiá-lo em seu esforço de manifestar o que você deseja, por mais sem importância ou mais relevante que seja.

2 Pense no que você gostaria de manifestar. Peça ao seu poder superior que essa coisa, ou esse relacionamento ou projeto seja para o benefício de todos os seres, incluindo você mesmo. Peça que essa motivação altruísta oriente todas as suas decisões e atividades relativas ao projeto.

Quando você manifesta os seus sonhos para o bem maior, você os manifesta não apenas para si mesmo mas para todo o planeta. Por exemplo, se você quiser iniciar um negócio e a sua motivação é simplesmente ganhar muito dinheiro, isso pode ser ou não para o bem maior de todos. Ou se você quiser fabricar algo que pode prejudicar o ambiente, talvez queira reconsiderar as suas opções. Em vez disso, imagine que você inicia uma empresa que ajudará todos os seres, bem como a si mesmo. Dessa maneira, com uma motivação compassiva, você alinha a si mesmo com as energias do universo.

3 Visualize que seu sonho se manifestou Como seria isso? Como você se sentiria? Se for um negócio, veja-se em seu escritório numa reunião com seus funcionários. Se você quiser concorrer a um cargo político, visualize a si mesmo fazendo um discurso político. Agora que é uma realidade, o seu sonho está alinhado com os seus ideais mais elevados e com o benefício de todos?

4 Se o seu sonho for, para o bem maior de todos, escreva isso e coloque a anotação numa caixa de prata no seu altar. Peça ao seu poder superior que ajude você a torná-lo realidade.

TESOURO ENTERRADO

Quando você era jovem, talvez tivesse muitos sonhos emocionantes. Conforme você cresceu e assumiu mais responsabilidades, talvez o casamento, os filhos e o trabalho, esses sonhos podem ter ficado de lado. Reflita sobre esse tesouro enterrado e veja para onde isso leva você.

Benefícios

- Religa você aos sonhos não realizados
- Ajuda você a considerar como um tesouro os sonhos não realizados
- Expande a sua visão de vida

Quando criança, você queria ser bombeiro, músico, pintor ou um escritor? Talvez você desejasse escalar uma montanha. Que sonhos você tinha que podem ter sido enterrados com o tempo?

Meditação

Quando

Faça esta meditação se quiser animar a sua vida.

Preparação

Escreva sobre os sonhos e interesses que você tinha quando criança.

Prática

1 Estenda-se num tapete no chão. Cubra-se com uma manta se achar necessário. Respire profundamente durante alguns minutos e relaxe todo o seu corpo, da cabeça aos pés.

2 Lembre-se do que escreveu na preparação para esta meditação. Escolha o sonho de infância que mais reverbera em você. Não se preocupe se parecer infantil ou impossível. Se você queria ser o Super-homem, ou a Mulher Maravilha, ótimo. Se você queria ser um músico ou criar cavalos, não rejeite só porque isso não tem nada a ver com sua vida hoje.

3 Visualize que você é ou faz o que desejava quando criança. Explore as qualidades de sua vida caso o sonho se realizasse. Você viveria ao ar livre, envolvido com animais, salvando as pessoas? Esse sonho ainda o emociona?

4 Agora imagine uma maneira de trazer ao menos uma parte de seu sonho para sua vida adulta. Por exemplo, se você desejava criar cavalos, vá andar a cavalo neste fim de semana. Se você queria ser a Mulher Maravilha, pense em ser voluntária e ser um herói para crianças carentes. Se você queria ser um músico, comece a tomar aquelas lições de piano.

5 Termine sua meditação com o compromisso de trazer energia para a sua vida revivendo suas paixões de infância.

TRABALHO DA ALMA

O que você está destinado a fazer nesta vida? Qual é a sua contribuição especial? Experimente um pouco de trabalho da alma para explorar essas questões muito importantes.

Benefícios

- Ajuda você a se concentrar em questões importantes
- Apoia você nas tentativas de manifestar o trabalho de sua vida
- Incentiva você a expressar o seu eu mais elevado

O seu trabalho alimenta a sua alma? Se o dinheiro não fosse o objetivo, como você passaria os seus dias? Que trabalho faria você pular da cama de manhã, entusiasmado para começar o seu dia?

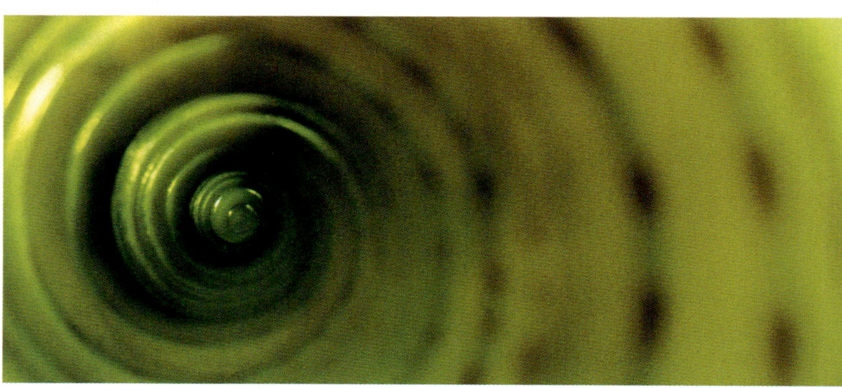

Meditação

Quando

Pratique esta meditação se você sentir que está numa encruzilhada em sua vida e que precisa fazer algo novo.

Preparação

Considere e depois escreva sobre o que você se interessa mais profundamente e o que o estimula mais intensamente.

Prática

1 Sente-se numa almofada ou cadeira no seu espaço de meditação. Acenda uma vela e um incenso para firmar a importância desse momento e a Sacralidade de sua vida. Medite, observando sua respiração por alguns minutos para acalmar a mente e relaxar o corpo.

2 Leia em voz alta o que você escreveu na preparação para esta meditação. Você pode ter escrito que o que mais importa a você é a sua família, a paz mundial ou o meio ambiente. Talvez a ciência acenda um fogo em sua alma. Permita-se sentir as emoções que surgirem. Você está animado, triste, zangado? Você deixou que sua família o convencesse a parar de trabalhar num estacionamento porque esse emprego não tinha o prestígio ao qual, segundo eles, você deveria aspirar? Você passa tempo suficiente com as pessoas que você ama?

3 Contemple como você está vivendo sua vida hoje e se ela honra o que você escreveu em suas anotações. Não se trata de culpas, apenas de consciência. Saber o que importa para você e o que anima você vai colocá-lo no caminho para uma vida mais realizada.

UM LUGAR VITAL

Você está feliz no lugar onde mora? Outro local seria mais adequado para você? Esta meditação ajuda você a explorar o local correto para você – corpo e espírito.

Benefícios

- Ajuda você a encontrar o local correto para viver
- Leva você a considerar o corpo e a alma
- Ajuda você a avaliar o local em que você reside atualmente

Você ama o oceano, as montanhas ou o deserto? Você se sente melhor em cidades grandes ou cidades menores? Qual a importância que tem a sua comunidade para o seu senso de bem-estar? Onde você sonha viver? Você está feliz onde está? Essas são questões importantes para ajudar você a determinar o melhor local para criar raízes.

Meditação

Quando

Faça esta meditação se quiser se sentir mais conectado ao local em que vive.

Preparação

Escreva sobre o seu lugar ideal para viver. Não se preocupe se isso parece impossível ou não prático para você.

Prática

1 Estenda-se num tapete no chão, de modo confortável. Cubra-se com uma manta se precisar. Respire profundamente por alguns minutos e relaxe todos os seus músculos, dos dedos dos pés até a cabeça.

2 Visualize o seu lugar ideal para se viver. Descreva a cidade, metrópole ou zona rural. É uma grande área urbana ou uma pequena cidade? É no país onde você vive ou em outra parte do mundo? Como são as construções?

3 Agora descreva o clima. O seu lugar ideal fica num clima mais quente, temperado ou mais frio? Imagine que você está com a roupa apropriada para esse local. Descreva as pessoas que vivem nesse local. Elas são mais velhas, mais jovens, progressistas, conservadoras ou voltadas para o esporte?

4 Em que tipo de casa você mora? É grande, pequena, pitoresca, aconchegante, impressionante ou modesta? Com quem você está morando? O que é mais importante para você nesse local? Por que esse lugar nutre o seu corpo e alma?

5 Se você já mora em seu lugar ideal, sinta-se grato por esse fato. Se você gostaria de se mudar, repita esta meditação até encontrar o seu lugar vital.

ALMA GÊMEA

Uma alma gêmea pode ser seu cônjuge ou um amigo. Ele é alguém que você ama profundamente, que entende e compartilha a sua jornada espiritual.

Benefícios

- Incentiva você a encontrar a sua alma gêmea
- Ajuda você a ser a alma gêmea de alguém
- Ajuda você a reconhecer sua alma gêmea quando você a encontrar

Uma alma gêmea é uma pessoa com quem você pode ter trabalhado por muitas vidas no mesmo caminho de desenvolvimento espiritual. Talvez você tenha uma grande atração física por essa pessoa ou talvez sinta que ela é como um irmão ou irmã. Ter uma alma gêmea ajuda você a sentir que vocês são peregrinos que trilham juntos o mesmo caminho.

Meditação

Quando

Se quiser atrair uma alma gêmea, pratique esta meditação por 30 dias.

Preparação

Escreva a sua autobiografia espiritual para entender melhor a sua própria jornada espiritual. Investigue suas crenças e desenvolvimento espiritual desde que você era criança até agora.

Prática

1 Estenda-se num tapete no chão. Busque o seu conforto, respire profundamente e relaxe totalmente.

2 Reveja os principais pontos da autobiografia espiritual em sua mente. Concentre-se em onde você está agora no seu caminho espiritual. Qual é o seu caminho espiritual, na sua opinião, e que trabalho espiritual você prevê para si mesmo agora e no futuro?

3 Imagine que você encontrou sua alma gêmea. É mulher ou homem? Vocês se encontram numa cafeteria ou num evento social? Como é a aparência dela e que qualidades possui? É sensível, inteligente, inspiradora, generosa?

4 Imagine que você conhece essa pessoa há várias vidas. Entenda que esse é um reencontro, mais do que um primeiro encontro. Saiba que a pessoa é sua parceira espiritual, envolvida no mesmo trabalho espiritual que você. Imagine que cada um apoia o outro na realização do seu destino espiritual. Sinta-se abençoado por ter um amigo em quem você confia e que confia em você, com quem você compartilha um real compromisso com o trabalho espiritual bem como ternura e devoção.

5 Termine sua meditação pedindo ao seu poder superior para ajudar você a encontrar essa pessoa num futuro próximo.

CASA ESPIRITUAL

O seu lar, seja uma casa ou um apartamento alugado, pode ser um local especial para reflexão, meditação, ritual e cerimônia. Esta meditação ajuda você a criar um espaço vivo que é um santuário sagrado para a sua alma.

Benefícios

- Ajuda você a criar um espaço vivo que ajuda a crescer
- Leva você a honrar seu espírito
- Ajuda você a criar um espaço sagrado

Pode ser um desejo seu ter um local para morar aconchegante, inspirador, lindo e sagrado. No entanto, talvez ele seja um local sujo, pouco convidativo e caótico para você mesmo e suas posses. Transforme-o meditando sobre como você poderia mudá-lo.

Meditação

Quando

Faça esta meditação se quiser que o espaço onde você mora passe a refletir o fato de que você é um ser espiritual.

Preparação

Ande pelo espaço em que mora, visitando cada aposento. Avalie como cada aposento faz você se sentir física, mental, emocional e espiritualmente.

Prática

1 Depois de examinar sua casa, sente-se numa almofada ou cadeira em seu espaço de meditação. Feche os olhos e respire profundamente por alguns minutos.

2 Se você não estiver feliz com a aparência ou atmosfera de sua casa, imagine-a do modo como você gostaria que ela fosse. Se você criou um pequeno espaço sagrado para a meditação, pense em como você pode tornar sagrada sua casa inteira. Como você poderia decorar e arrumar sua casa para refletir seu desejo de conforto, serenidade, calor, ou seja o que for necessário a você? Como o seu espaço poderia honrar o seu espírito? Como criar uma casa para a sua alma?

3 Imagine que você está em sua casa espiritual; qual é aspecto dela? Em que ela difere de onde você mora agora? De que forma ela nutre sua alma? O que você teria que fazer para transformar seu espaço atual? Isso requer pintura, rearrumar os móveis e iluminação, ou limpeza?

4 Repita esta meditação diariamente por uma semana antes de realizar qualquer mudança em seu ambiente. Quando começar a fazer mudanças, vá devagar e envolva seu corpo, mente e espírito.

DÊ O SALTO

Talvez você queira manifestar seus sonhos, mas o medo pode estar contendo você. Faça esta meditação para ajudá-lo a dar o salto e tornar a sua visão realidade.

Benefícios

- Ajuda a identificar os medos que refreiam você
- Move o foco do medo para o entusiasmo
- Estimula você a correr riscos

Meditação

Quando

Faça esta meditação caso se sinta pronto para manifestar um sonho, mas tem medo de seguir adiante.

Preparação

Escreva sobre o que você quer manifestar em sua vida, e o que está impedindo você de fazer isso.

Prática

1 Sente-se numa almofada ou cadeira em seu espaço de meditação. Observe sua respiração por 5 minutos.

2 Traga à mente um sonho que você gostaria de manifestar. Pergunte a si mesmo por que não seguiu adiante para torná-lo realidade. Explore suas crenças sobre si mesmo e como elas podem estar atrapalhando você.

Você pode ter sido impedido por decisões inconscientes e conscientes acerca das coisas com que é capaz de lidar com segurança, ou acerca do que você consegue criar na prática, ou do que merece, em termos realistas. Sua liberdade de crescer e manifestar seus sonhos depende de você refazer essas decisões, estados de ânimo e autoimagens limitantes.

3 Por exemplo, se você sempre quis aprender a montar a cavalo, mas teme machucar-se ou sente que isso é extravagante demais para o seu estilo de vida, ou mais divertido do que você merece, examine essas crenças e neutralize-as com outras mais novas. Por exemplo, diga a si mesmo que milhões de pessoas montam a cavalo sem se machucar, que é um dinheiro bem gasto em algo que alimenta sua alma e, é claro, você merece ser feliz e apreciar a vida.

4 Termine sua meditação com o compromisso de dar os primeiros passos para tornar o seu sonho realidade. Isso pode significar dar um telefonema, fazer pesquisa, fazer inscrição num curso ou largar seu emprego. Seja o que for, esteja certo de dar o salto em direção ao seu futuro e sua felicidade.

PROCRASTINAÇÃO

Você não pode manifestar seus sonhos se tem o hábito de procrastinar. A procrastinação simplesmente é um mau hábito que você pode superar com um pouco de esforço.

Benefícios

- Expõe o medo por trás da procrastinação
- Ajuda você a quebrar o hábito da procrastinação
- Ajuda você a desenvolver disciplina positiva

É importante compreender por que você posterga as coisas. Pode ser por medo ou porque o que você planeja fazer não está de acordo com o que você realmente quer. Você pode ter um hábito de não fazer algo se não está com disposição, ou se está se sentindo sobrecarregado. Esta meditação vai ajudar você a compreender por que está procrastinando e imaginar como seria sua vida se você não fizesse isso.

Meditação

Quando

Faça esta meditação para ajudar você a pôr fim ao hábito da procrastinação.

Preparação

Escreva três motivos que fazem você procrastinar para torná-lo consciente do que o faz adiar algo que tem que fazer.

Prática

1 Sente-se numa almofada ou cadeira em seu espaço de meditação. Leia os três motivos que o fazem procrastinar. Por exemplo, talvez você tenha medo de fracassar ou é desorganizado a ponto de se sentir sobrecarregado o tempo todo. Ou talvez você espere até o último minuto para completar um projeto porque precisa estar sob pressão para agir. Tente pensar nos reais motivos que fazem você procrastinar, e não em suas desculpas.

2 Considere cada uma das três razões que fazem você procrastinar. Elas podem aliviar seu stress em curto prazo, mas no longo prazo, elas estão enfraquecendo você.

3 Agora visualize e sinta como seria se você não hesitasse antes de iniciar uma tarefa. Imagine o que poderia realizar em sua vida se você não fosse um procrastinador. Veja sua produtividade e criatividade aumentarem. Sinta o seu grau de realização caso você trabalhasse muito todos os dias e cumprisse os seus prazos e responsabilidades com facilidade e competência.

4 Comprometa-se a ficar atento aos motivos de sua procrastinação e se esforce para superá-los.

TOMADA DE DECISÃO ESPIRITUAL

Manifestar seus sonhos geralmente envolve tomar muitas decisões. Esta meditação ajudará você a levar uma perspectiva espiritual às suas deliberações.

Benefícios

- Ajuda você a tomar as melhores decisões
- Estimula você a acessar o seu eu superior
- Integra o espiritual e o material

As decisões podem ser estressantes e difíceis, mas nem tanto se você envolver seu poder superior no processo. Expandir o seu alcance para incluir o efeito de suas decisões em sua alma e seu espírito ajuda você a tomar decisões que são corretas para você e para o universo.

Meditação

Quando

Faça esta meditação antes de dormir se tiver uma decisão importante a tomar.

Preparação

Escreva sobre as questões envolvidas em sua decisão vindoura.

Prática

1 Sente-se numa almofada ou cadeira no seu espaço de meditação. Acenda uma vela e invoque a presença de seu poder superior, seja quem ou o que for. Peça ajuda para tomar a decisão pretendida.

2 Traga à mente a decisão que você precisa tomar. Por exemplo, pode ser a decisão de aceitar ou não um novo emprego que lhe foi oferecido.

3 Examine os detalhes das questões materiais, como o salário, status e desenvolvimento de sua carreira. A seguir reflita sobre os efeitos que esse trabalho terá em seu espírito e sua alma. Por exemplo, você estará com pessoas que são positivas e que trabalham bem com os outros? O ambiente físico é saudável? Esse trabalho abençoará e servirá o mundo? Esse emprego será mais estressante do que o que você tem agora? Como ele vai afetar sua família e vida social? Ele é compatível com suas convicções espirituais e sua noção do significado e propósito da vida?

4 Peça ao seu poder superior para ajudar você a responder essas questões. Sente-se em silêncio e continue a considerar as questões que são importantes para você tomar essa decisão. Não se preocupe se as respostas não surgirem rapidamente.

5 Termine sua meditação e durma com essas questões antes de tomar uma decisão. Deixe que o poder de sua mente subconsciente comece a trabalhar nas respostas. Procure maior clareza sobre o tema quando acordar.

MAPA DOS SONHOS

Crie um mapa dos sonhos para manifestar seus sonhos. A seguir, medite no mapa como foco de sua meditação para ajudar a tornar seus sonhos realidade.

Benefícios

- Promove a visualização de seus sonhos
- Envolve a sua criatividade
- Enfoca sua mente em tornar real seus sonhos

Você vê seus sonhos primeiro em sua mente, antes de manifestá-los no plano físico. O ato de criar um mapa visual das coisas que você quer fazer, ter e ser, passa a programá-las em sua mente subconsciente. Ver seus sonhos dia a dia lembra você de dar os passos para transformá-los em realidade. Não existem regras para a criação de seu mapa dos sonhos, exceto que as imagens devem significar alguma coisa para você.

Meditação

Quando

Crie um mapa dos sonhos pronto para colocá-los em ação.

Preparação

Consiga uma pilha de revistas antigas, folhetos ou outros materiais visuais. Você vai precisar de uma base para o seu mapa, um pedaço de papel do tamanho que quiser que ele tenha. Além disso, vai precisar de tesoura e cola. Se quiser utilizar outros materiais de arte, reúna-os também. Comece a procurar imagens que simbolizem o que você gostaria de manifestar em sua vida.

Prática

1 Encontre um local tranquilo, onde possa ficar sozinho. Disponha seu material numa mesa ou no chão.

2 Sente-se em silêncio por alguns minutos, respire profundamente e abra seu coração e mente para os seus desejos mais profundos. Peça ao seu poder superior para ajudar você a manifestar os sonhos que beneficiem não apenas você mas o resto do universo.

3 Talvez você queira dividir seu mapa em diversas áreas, como espiritual, física, do trabalho, dos relacionamentos ou do modo que fizer sentido para você. Comece a organizar e colar as imagens que sirvam de lembrete de seus sonhos. Desenhe, pinte, acrescente brilho ou qualquer outra coisa que funcione para você.

4 Quando terminar, peça ao seu poder superior para ajudar você a manifestar os sonhos que você visualizou no mapa dos sonhos. Coloque seu mapa numa parede onde você possa vê-lo todos os dias. Se quiser mantê-lo só para si, ponha-o numa gaveta, mas tire-o todos os dias, olhe para ele e faça coisas no sentido de tornar seus sonhos realidade.

DÊ O PRÓXIMO PASSO

Manifestar seus sonhos requer um planejamento e a realização de uma série de ações. Esta meditação ajudará você a saber o próximo passo para assumir a sua jornada.

Benefícios

- Ajuda você a manter o acompanhamento
- Promove a tomada de decisão cuidadosa
- Ajuda você a saber o próximo passo

Os seus sonhos se manifestam por meio de suas ações. Você executa uma série de tarefas mentais, físicas ou espirituais, que finalmente criarão a realidade que você deseja. No início, o caminho para os seus sonhos pode parecer assustador. Esta meditação ajudará você a saber como proceder.

Meditação

Quando

Faça esta meditação quando quiser saber que passos dar para realizar seu sonho.

Preparação

Você precisará de uma folha grande de papel e canetas marca-textos.

Prática

1 Procure um local dentro de casa onde possa ficar sozinho, sem ser interrompido. Sente-se à mesa com seu material de desenho à sua frente.

2 Feche os olhos e visualize um sonho que você gostaria de tornar realidade. Por exemplo, se quiser abrir um restaurante vegetariano, veja a si mesmo em seu restaurante saudando seus clientes.

3 Trace um círculo no meio do papel e escreva o seu sonho no centro. Agora comece um *brainstorming* de todas as tarefas que você deve completar para realizar seu sonho. Desenhe linhas que saem do centro para outros círculos, cada qual contendo uma tarefa distinta e relacione "subtarefas" a essas tarefas. Por exemplo, se precisar de treinamento, faça desta uma tarefa. Ligada a esta tarefa, você pode ter subtarefas de obter uma bolsa de estudo e encontrar uma boa escola de treinamento especializado. Outra tarefa pode ser visitar os melhores restaurantes vegetarianos do país.

4 Preencha seu papel com todas as tarefas que considera importantes para manifestar seu sonho. Quando terminar, você terá uma forma orgânica que parece uma flor ou um floco de neve. Agora priorize as tarefas numa sequência que faça sentido para você.

5 Feche os olhos novamente e visualize a si mesmo seguindo todos os passos da sequência, chegando finalmente à mesma visualização anterior ao seu *brainstorming*.

SIGA SUA BEM-AVENTURANÇA

O que faz você se sentir mais vivo? O que estimula você mais do que nada? Esta meditação ajudará você a seguir a sua bem-aventurança à medida que toma decisões a respeito de sua vida.

Benefícios

- Ajuda a enfocar sua atenção no que mais estimula você.
- Incentiva você a seguir a sua bem-aventurança
- Reduz o medo de viver plenamente

Seguir sua bem-aventurança significa permitir que a verdadeira alegria seja a sua bússola. Isso significa mais do que a mera felicidade ou a satisfação dos desejos; isso significa viver plenamente a sua natureza única e seu potencial divino. Quando segue a sua bem-aventurança, você desconsidera todas as regras que dizem a você como viver e procura o seu próprio caminho autêntico.

Meditação

Quando

Faça esta meditação quando quiser mais da vida.

Preparação

Relembre momentos de alegria verdadeira em sua vida.

Prática

1 Sente-se numa almofada ou cadeira no seu espaço de meditação. Faça a meditação da consciência da respiração por 5 minutos.

2 Relembre um momento de sua vida em que sentiu uma alegria real. Imagine que você está revivendo esse momento. Como se sente? De que modo essa experiência é diferente de sua experiência comum?

3 Contemple a ideia de que você poderia viver sua vida de modo a sempre amar sua experiência. Como você poderia tomar decisões que tornem isso uma realidade? Por exemplo, se você de fato odeia seu emprego, considere deixá-lo e investigar o que poderia levar você à alegria. Imagine viver seus sonhos sem se acomodar na segurança ou na aprovação das outras pessoas. Como seria isso? Esse pensamento é assustador, estimulante ou ambos? Você sabe por que está vivo e qual o propósito da sua vida?

4 Mesmo que isso pareça excessivo e impossível, imagine viver cada momento em pura alegria. Imagine saborear cada momento, não obstante o que a vida apresenta. Contemple a possibilidade e o que você poderia fazer para que isso aconteça. Decida os pequenos passos que você pode dar para levar mais alegria e bem-aventurança à sua vida.

5 Termine meditando sobre sua respiração por 5 minutos.

DEIXE O SEU PASSADO PARA TRÁS

O seu passado pode estar pesando em você e interferindo na manifestação dos seus sonhos. Faça esta meditação para desapegar-se da velha bagagem emocional e mental.

Benefícios

- Ajuda você a identificar as ideias antiquadas sobre si mesmo
- Ajuda você a deixar para trás o seu passado
- Incentiva você a seguir adiante

Você pode estar apegado à dor de um amante que largou você ou à humilhação de perder o seu emprego, ou às cicatrizes de sua infância, que não foi nada perfeita. Esses acontecimentos doem, mas aconteceram no passado. Manter o passado vivo – seja na forma de antigas mágoas, ideias antiquadas ou hábitos inúteis – torna difícil para você abrir-se para novos relacionamentos e novas oportunidades no presente.

Meditação

Quando

Faça esta meditação se você se sente aprisionado num passado doloroso.

Preparação

Escreva as coisas que aconteceram há muito tempo que ainda causam dor quando você pensa nelas.

Prática

1 Alongue-se num tapete no chão. Cubra-se com uma manta leve, se for preciso. Respire profundamente e relaxe por alguns minutos.

2 Traga à mente qualquer bagagem emocional do passado. Talvez seu parceiro tenha trocado você pelo seu melhor amigo. Se você ainda sente pontadas de raiva e humilhação anos depois, é hora de deixar isso para trás. Visualize suas emoções como uma mala de viagem velha e surrada que você arrasta para onde vai. Quando foi abandonado por seu amado, você ficou magoado e precisou processar a sua dor. Mas anos mais tarde, esses antigos sentimentos são inúteis. Imagine que você solta a sua mala e sua antiga dor. Veja como se sente muito mais leve.

3 Continue examinando sua memória em busca de antiga bagagem – velhas emoções gastas que não lhe servem mais. Visualize-as como velhas malas, algumas com alças quebradas, amarradas com fita. Agradeça a elas pelo serviço que lhe prestaram, mas deixe que saibam que está na hora de você soltá-las.

4 Visualize e sinta a si mesmo mais leve, desimpedido e livre. Respire profundamente e relaxe por alguns minutos. Veja seu futuro abrindo-se diante de você, pleno de promessas e oportunidades.

VIAJANTE

Você sempre quis viajar, mas se acomodou nas viagens no sofá com a ajuda de livros de viagem? Esta meditação ajudará você a tornar seu desejo de viajar em realidade.

Benefícios

- Ajuda você a ir para onde você quer
- Estimula você a agir para realizar seus desejos
- Ajuda você a ver que qualquer coisa é possível

Você tem pilhas de revistas de viagens velhas em seu porão? A probabilidade é que você seja um viajante na realidade. Mas se seus medos estão sendo um obstáculo, você pode estar se iludindo e se afastando dos seus sonhos.

Meditação

Quando

Faça esta meditação se você quiser viajar mas de algum modo nunca consegue.

Preparação

Escreva sobre todos os lugares que você gostaria de visitar antes de morrer. Ponha-os em ordem de importância para você.

Prática

1 Estenda-se num tapete no chão. Cubra-se com uma manta leve. Respire profundamente por alguns minutos e esvazie sua mente.

2 Escolha o primeiro destino de viagem de sua lista. Reveja os motivos por que você nunca viajou para esse lugar. Talvez você não tivesse dinheiro o bastante, ou tinha filhos pequenos que precisavam de cuidados. Talvez pareça além de sua capacidade, um pouco assustador, mais do que você merece. Verifique se os seus pensamentos estão Impedindo você de avançar.

3 Visualize a si mesmo no lugar dos seus sonhos. Pode ser Bombay, Nova York, Londres ou a Floresta Amazônica. Pode ser uma cidadezinha na Irlanda onde a sua avó nasceu, ou a Cidade do Cabo, na África do Sul. Imagine que está caminhando numa rua, absorvendo as imagens e as pessoas. Perceba o que você está vestindo e quem está com você. Sinta sua animação e alegria por estar de fato no destino de seus sonhos.

4 Comprometa-se a dar um passo na direção de tornar seu sonho uma realidade. Por exemplo, encomende folhetos de viagem e verifique os preços. Pesquise maneiras de servir como voluntário e obter um preço reduzido ou uma viagem grátis. Investigue casas de família de um país diferente que façam programas de intercâmbio. Trabalhe ativamente para remover os obstáculos que impedem você de manifestar a viagem de seus sonhos.

5 Termine sua meditação repousando em silêncio por alguns minutos.

CONECTAR-SE COM O DIVINO

MEDITAÇÕES PARA CONECTAR-SE COM O DIVINO

Esta última seção traz a você meditações inspiradas por diversas tradições espirituais, tanto orientais como ocidentais, que ajudam você a ter a experiência do Sagrado ou do Divino. Estas meditações apresentam a você, ou aprofundam a sua própria noção de algo, ou algum ser, maior do que você mesmo. Elas têm como propósito despertar a sua imaginação, expandir a sua compreensão do Divino e ajudar você a contemplar o significado do Sagrado em sua vida.

Você começará com "Quatro direções", uma meditação que o apresenta a um ritual para criar um ambiente sagrado. A "Mulher Aranha" deriva da tradição nativa americana e ensina você como utilizar o mito para a meditação e o desenvolvimento espiritual. Passando para o Japão, "Amaterasu, a deusa do sol" inspira você a superar o fato de ter sido prejudicado e a dar as suas dádivas para o mundo. Com a "Natureza de Buda", você contempla a sua própria natureza de Buda na forma de uma semente. Se você for católico, ou tem curiosidade pelo catolicismo, experimente "Terço" e aprenda como meditar sobre esse belo conjunto de orações.

Imite a prática quacre de esperar em silêncio pela presença de Deus. Marque um encontro com seus "Amigos" com "Ao estilo quacre". "Devoção" dará a você uma experiência direta do amor divino, ao passo que "O caminho da graça" o ajudará a acessar a graça divina em sua vida cotidiana. A Deusa tem muitos nomes: "Feminino divino" apresenta você ao Divino em forma feminina. "Jesus, o Salvador" ajuda você a compreender o modo de Cristo e "As quatro nobres verdades" ajuda você a entender o caminho do Buda.

Aprenda a famosa oração de São Francisco de Assis, praticando a meditação que recebe o seu nome. Se você sente atração pelo misticismo judaico, gostará de "A Sabedoria da Cabala" e, se sentir atração pelo misticismo islâmico, então "O caminho sufi" é para você. Geralmente os caminhos espirituais mais desafiadores envolvem a ajuda ou orientação de um mestre. "Mestre espiritual" ajudará você a escolher o mestre certo para você.

Para encontrar o seu animal totem e guia espiritual, experimente "O caminho Wicca". "Reconectar-se com o Divino" é uma meditação maravilhosa para voltar para casa, para si mesmo e o Sagrado. "Oração dirigida" e "Oração não dirigida" ensinam a você duas formas de oração muito poderosas. Se você sentir que seu deus está ausente, use a "Presença Divina" para confirmar que não está. A "Dança de Shiva" apresenta você à compreensão hindu do Sagrado. Finalmente, "Deus pessoal *vs* realidade mística" o ajuda a refletir sobre como você compreende o Divino em sua vida.

QUATRO DIREÇÕES

Muitas tradições espirituais invocam as quatro direções cardeais em suas orações e rituais. Esta meditação apresenta você a esta prática.

Benefícios

- Apresenta a você um recurso espiritual poderoso
- Ajuda e estabiliza-o física e psicologicamente
- Ajuda você a se conectar com seu ambiente

As quatro direções cardeais são norte, sul, leste e oeste. Nas tradições espirituais budista, nativa americana, wicca e outras, o praticante espiritual cria um círculo ou ambiente sagrado invocando o centro e as quatro direções. Esta meditação específica honra as direções e os cinco elementos da tradição budista tibetana.

Meditação

Quando

Pratique esta meditação quando quiser ligar-se ao seu ambiente.

Preparação

Descubra um local ao ar livre onde você não seja perturbado. Leve uma bússola para determinar as direções.

Prática

1 Localize as direções cardeais usando sua bússola. Fique em pé com a coluna reta. Respire profundamente. Visualize que está inalando o ar até o coração. Expire muito lentamente. Sinta o coração expandir-se e encher-se de calor à medida que inspira novamente e expira muito devagar. Continue a respirar desse modo por alguns minutos.

2 Agora vire-se para o leste. Ofereça gratidão ao leste pela água que você bebe, com a qual se banha e cozinha.

3 Volte-se para o sul. Ofereça gratidão ao sul pela Terra e pelo alimento que você ingere.

4 Volte-se para o oeste. Agradeça ao oeste pelo fogo e o calor que dele provém e seus poderes de transformação.

5 Volte-se para o norte e, do seu coração, agradeça ao norte pelo ar que você respira.

6 Agora traga sua atenção ao centro onde você se encontra. Agradeça pelo ambiente em que você vive. Aprecie por um momento o estado de gratidão que você evocou. Inspire profundamente levando o ar ao coração e expire.

MULHER ARANHA

A Mulher Aranha é uma deusa ou divindade nativa americana. Esta linda meditação introduz você ao poder do mito para invocar a compreensão espiritual.

Benefícios

- Introduz você à espiritualidade nativa americana
- Ajuda você a compreender a interconexão
- Apresenta você ao poder do mito

Muito tempo antes de o universo existir, a solitária Mulher Aranha sentou-se para pensar. De repente ela teve uma ideia. Ela era tecelã, então montou seu tear e começou a tecer. Conforme ela tecia, uma estrela aparecia cada vez que um fio cruzava outro; logo ela havia tecido milhares de estrelas. Cada uma estava ligada a todas as outras na teia. Ela parou e olhou para a teia, mas não ficou satisfeita. Então, escolheu uma estrela em torno

Meditação

Quando

Faça esta meditação para explorar o mito para o crescimento espiritual.

Preparação

Leia sobre o mito da Mulher Aranha.

Prática

1 Sente-se numa almofada ou cadeira e medite no mito da Mulher Aranha por 10 minutos.

2 Escreva um parágrafo acerca do que o mito ensinou para você.

da qual circulavam planetas. Ela optou por um dos planetas, que continha oceanos azuis brilhantes e nuvens brancas cintilantes e estabeleceu o seu tear nesse planeta. Dessa vez, à medida que ela tecia, um ser vivo aparecia sempre que um fio cruzava sobre o outro. Ela teceu plantas, pássaros, peixes e insetos em sua rede. Ela teceu todos os animais. E cada um desses seres viventes estava conectado a todos os outros na teia. Então, ela parou de tecer para olhar para a teia. Ainda estava faltando algo.

Ela começou a tecer novamente, e dessa vez os seres humanos – homens, mulheres e crianças – apareceram nos fios que se cruzavam. E cada ser humano que ela tecia na sua Grande Teia estava conectado a todos os outros elementos: aos outros animais, às plantas, às montanhas, mares e desertos, até mesmo às distantes estrelas. Cada ser humano – e de fato tudo o que a Mulher Aranha tecia em sua Grande Teia – está conectado a todas as outras coisas. A Mulher Aranha ficou muito satisfeita e continua a tecer até hoje.

AMATERASU, A DEUSA DO SOL

Amaterasu é uma antiga deusa do sol da religião xintoísta. Elegê-la como tema de sua meditação pode ajudar você a se recuperar do abuso sexual.

Amaterasu nasceu do olho esquerdo do ser primevo Izanagi. Quando seu irmão Susanowo molestou-a, ela decidiu esconder-se na caverna do céu e fechou a entrada com uma enorme pedra. Ela havia perdido sua confiança e sua capacidade de amar.

Benefícios

- Introduz você à religião japonesa xintoísta
- Ajuda você a superar mágoas
- Estimula você a dar suas dádivas para o mundo

Meditação

Quando

Faça esta meditação quando você se sentir ferida e retraída.

Preparação

Leia sobre o mito de Amaterasu.

Prática

1 Sente-se numa almofada ou cadeira em seu local de meditação. Medite no mito de Amaterasu e o que ele significa para você por 10 minutos.

2 Escreva sobre o que você aprendeu.

Assim a escuridão envolveu o mundo e as pessoas se esconderam em suas casas, desanimadas e sem esperança. Sem a luz dela, eles não conseguiam ver sua própria força e perderam a vontade de viver. Em desespero, alguns dos deuses decidiram atrair Amaterasu para fora da caverna organizando uma festa.

Eles colocaram um enorme espelho na boca da caverna e decoraram as árvores. Uzume, a deusa da alegria e do riso, começou uma dança imoderada acompanhada de música alta. Ouvindo a música e o riso, Amaterasu espiou para ver o que estava acontecendo.

Assim que ela viu seu próprio reflexo belo e brilhante no espelho, foi como se ela estivesse se vendo pela primeira vez. Ela imediatamente retornou ao palácio e jurou nunca mais se afastar da vida. Ela pediu que se pendurassem espelhos nas entradas de seus templos, de modo que todos que passassem pudessem olhar profundamente dentro deles. Os mais velhos dizem que depois que Amaterasu retornou, o povo do Japão e os próprios deuses continuaram a viver a vida com coragem e alegria renovadas.

NATUREZA DE BUDA

O Budismo ensina que você tem a natureza de Buda. Em outras palavras, você mesmo tem a capacidade de se tornar iluminado e se transformar num Buda.

Benefícios

- Apresenta você ao Budismo
- Estimula você a se desenvolver espiritualmente
- Promove a responsabilidade por si mesmo

Um Buda é uma pessoa que desenvolveu todas as qualidades positivas possíveis e eliminou toda a negatividade. O Buda histórico, Sakyamuni ou Buda Gautama, viveu há cerca de 2.500 anos na Índia. Entretanto, ele não foi o primeiro Buda, nem será o último. Ele era um ser humano "comum" antes de se tornar iluminado. A Iluminação com frequência é comparada ao despertar. Quando você se ilumina, você se torna um ser que tudo conhece, liberto da negatividade. Você se torna a personificação da sabedoria e da compaixão. Como Buda, você pode ser de tremenda ajuda para outras pessoas.

Meditação

Quando

Faça esta meditação caso se sinta negativo em relação a si mesmo ou ao seu potencial de se desenvolver espiritualmente.

Preparação

Se possível, leia a história da vida do Buda histórico, Sakyamuni, em sua biblioteca ou na Web.

Prática

1 Sente-se numa almofada ou cadeira em seu espaço de meditação. Observe sua respiração por 5 minutos.

2 Contemple sua própria natureza de Buda na forma de uma semente. Imagine que você começa a "regar" essa semente com a meditação sobre a paciência, o amor, a compaixão e outros tópicos positivos. Imagine que você se esforça para ser uma pessoa mais positiva, amorosa e compassiva. Agora você tem o que é chamado de "natureza de Buda em crescimento".

3 Com o tempo veja-se aos poucos eliminando seus hábitos negativos e substituindo-os por outros positivos. Imagine que seus pensamentos e ações se tornam mais positivos a cada dia. Imagine como seria tornar-se um Buda, ser iluminado.

4 Imagine que você não tem nenhuma negatividade, nenhum sofrimento e perfeita sabedoria e compaixão. Imagine que é capaz de ajudar todos os seres. Sente-se em silêncio e contemple o que seria isso.

5 Se optar por isso, comprometa-se a desenvolver sua própria natureza de Buda aumentando suas virtudes positivas e eliminando os hábitos negativos.

TERÇO

Os católicos têm rezado o terço, ou as contas de oração, para meditar desde o século XII. Ao rezar o terço, você recita as orações do "pai-nosso" e da "ave-maria" enquanto medita num dos mistérios da liturgia.

Benefícios

- Apresenta você à prática da meditação católica
- Apresenta você aos mistérios católicos
- Ensina orações católicas

O terço católico é feito de cinco conjuntos de dez contas, com cinco contas grandes entre eles. O "pai-nosso" é recitado pelas contas grandes e a "ave-maria" é recitada pelas menores. Para cada "dezena" de contas que você completa você então medita em um dos "mistérios".

Pai-nosso que estais no céu, santificado seja o vosso Nome, venha a nós o Vosso Reino, seja feita a Vossa vontade, assim na terra como no Céu. O pão nosso de cada dia nos dai hoje, perdoai as nossas ofensas assim como nós perdoamos a quem nos tem ofendido e não nos deixeis cair em tentação, mas livrai-nos do mal. Amém.

Ave Maria, cheia de graça, o Senhor é convosco, bendita sois Vós entre as mulheres, bendito é o fruto em Vosso ventre, Jesus. Santa Maria, mãe de Deus, rogai por nós, pecadores, agora e na hora da nossa morte. Amém.

Meditação

Quando

Recomenda-se que você reze o terço de manhã e à noite.

Preparação

Peça emprestado ou compre um terço católico. Leia e, se possível, decore o "pai-nosso" e a "ave-maria."

Prática

1 Sente-se numa almofada ou cadeira em seu espaço de meditação. Ou, se preferir, ajoelhe-se diante de seu altar.

2 Comece a rezar o terço, recitando um "pai-nosso" quando seus dedos tocarem uma conta grande e uma "ave-maria" quando seus dedos tocarem uma conta pequena.

3 Enquanto você reza o terço, medite na vida e nos mistérios de Cristo tal como você os entende. Lembre-se de Maria e do nascimento de Cristo, e do Natal como o celebramos nos mistérios Alegres. Os mistérios Luminosos enfocam na vida e nos ensinamentos do Cristo, concentrados no amor e na compaixão. Os mistérios Dolorosos nos fazem lembrar a crucificação e a morte de Cristo, simbolizando sacrifício e entrega a Deus. E, por fim, os mistérios Gloriosos celebram a ressurreição e a ascensão de Cristo ao céu.

AO ESTILO QUACRE

George Fox iniciou o movimento quacre na Inglaterra no século XVII. Os seguidores desse movimento chamam a si mesmos de "Amigos" ou "Amigos de Jesus". O nome "quacre" (*tremedor*) veio de fora do movimento e foi atribuído aos seus seguidores que supostamente tremiam de fervor religioso.

Benefícios

- Apresenta você à meditação quacre
- Promove uma relação direta com Deus
- Incentiva a comunidade

Os quacrers prestam o culto reunindo-se em duas ou mais pessoas, ficando em silêncio e buscando a presença de Deus. Ao aguardarem juntos e em silêncio, os Amigos encontram paz mental e um senso renovado de propósito por viver em sintonia com a vontade de Deus.

Meditação

Quando

Faça esta meditação com os amigos e a família semanalmente.

Preparação

Envolva um ou mais amigos ou membros da família que gostariam de meditar com você.

Prática

1 Sente-se com seus amigos em cadeiras ou almofadas, num espaço silencioso. Busquem a presença e a vontade de Deus. Deixe que o silêncio elimine toda a pressão ou ansiedade acumulada na vida diária. Tente aceitar-se exatamente como é e libertar-se do medo, confusão e egoísmo. Abra-se a Deus e a cada um dos outros. Conscientize-se de que sua intenção, ao ouvir e esperar dessa maneira, é um encontro direto com Deus.

2 Você pode meditar e cultuar dessa maneira sem palavras, mas se você ou alguma outra pessoa desejar, podem expressar sua experiência em voz alta. Esteja aberto e aceite tudo o que for dito. Por exemplo, vocês podem falar sobre como os ensinamentos de Jesus tocam a sua vida ou mencionar sua experiência direta. Tente receber o que os outros dizem de forma positiva e procure pela verdade subjacente.

3 Contemple o que é essencial e eterno, em vez do trivial. Se você falar, expresse a si mesmo simplesmente e com respeito. Busque a Verdade sentando-se em silêncio e esperando que seu coração se abra à mensagem de Deus.

4 Termine sua meditação quando o seu grupo se sentir pronto.

DEVOÇÃO

Existem muitas tradições espirituais que contam com a devoção como caminho de realização espiritual. Utilize esta meditação para explorar a devoção como uma experiência direta do amor Divino.

Benefícios

- Apresenta você à prática da devoção
- Ajuda você a levar a devoção ao seu caminho espiritual
- Fortalece você para que cresça espiritualmente

A prática da devoção enquanto caminho espiritual é uma via para a experiência mística direta. Ser devotado quer dizer estar comprometido com o amor.

Meditação

Quando

Se você sente que seu ego está sendo um obstáculo para seu caminho espiritual, escolha a devoção como foco de sua meditação.

Preparação

Pense numa época em que você sentiu devoção em sua vida.

Prática

1 Sente-se numa almofada ou cadeira em seu espaço de meditação. Se tiver um altar, faça oferendas ao seu Deus pessoal, professor ou poder superior acendendo uma vela ou incenso e fazendo oferendas de flores ou alimentos.

2 Contemple a renúncia ao seu apego a interesses superficiais que podem se interpor em seu caminho espiritual. Por exemplo, se você for obcecado por roupas e pela aparência, pode contemplar que isso pode não estar sendo útil a você espiritualmente.

3 Mergulhe num amor abnegado e incessante pelo Divino. Num caminho devocional, tudo é uma expressão do amor de Deus. O seu stress, dor e ansiedade surgem do fato de não ver o mundo ou a si mesmo como digno de amor. Deixe de lado a luta dolorosa de seu ego por reconhecimento e controle e renda-se ao amor Divino.

4 Imagine que cada inspiração é amor e cada expiração é compaixão. Você é uma expressão do amor de Deus, que flui através de você em cada momento.

5 Considere estabelecer uma relação com um professor, do modo em que ele se apresentar. Imagine que você é devotado ao seu professor e aos seus ensinamentos, que autorizam você a se desenvolver em seu caminho espiritual.

6 Termine a sua sessão meditando sobre como você pode praticar a devoção em seu caminho espiritual.

O CAMINHO DA GRAÇA

A graça está no coração da tradição cristã. É a graça de Deus que permite o perdão e novos começos. Esta meditação ajuda você a levar a graça de Deus à sua vida diária.

Benefícios

- Ajuda você a exultar no perdão de Deus
- Estimula você a estender a graça em sua vida pessoal
- Ajuda a gerar esperança e resiliência

Você talvez conheça um dos mais famosos hinos cristãos chamado "Maravilhosa Graça". John Newton, um traficante de escravos convertido, escreveu as palavras em 1779. Ele diz: "Ó Graça maravilhosa! Como é doce o som que salvou um desventurado como eu! Eu estava perdido, mas agora me encontrei. Fui cego, mas agora vejo". Por meio da dádiva da graça e do perdão de Deus, ele foi capaz de ver o erro de seus atos e começar uma vida orientada por sua sabedoria. A graça de Deus é tanto transformadora como curativa.

Meditação

Quando

Quando você quiser dar uma virada na sua vida e viver de acordo com a graça de Deus, como você a compreende.

Preparação

Escreva sobre como você tem sido abençoado pela graça de Deus.

Prática

1 Sente-se numa almofada ou cadeira em seu espaço de meditação. Acenda uma vela. Respire profundamente por alguns minutos para concentrar-se e acalmar sua mente.

2 Contemple como você pode dar lugar à graça em sua vida. Como pode estender à sua família, amigos e comunidade a graça que você recebeu? Neste mundo, onde tudo é pressionado até o limite e as pessoas são estressadas física, emocional e financeiramente, é importante ajudar a aliviar a pressão e criar espaço para que a graça entre. Como reorganizar as suas prioridades, de modo a acomodar as necessidades de seu círculo para a presença da ternura e da graça?

3 Decida-se por três maneiras em que você possa seguir o caminho da graça. Por exemplo, você pode convidar um amigo com quem você teve uma desavença para jantar. Pergunte a ele como você pode ser um melhor companheiro. Envolva-se na ajuda aos mais velhos em sua comunidade.

4 Termine sua meditação compondo uma oração a Deus, agradecendo a Ele por todas as Suas bênçãos.

FEMININO DIVINO

Feminino Divino é um arquétipo fortalecedor tanto para homens como para mulheres. Escolher esse foco em sua meditação ajuda você a honrar tudo o que é feminino em si mesmo e nos outros.

Benefícios

- Apresenta você à Mãe Divina
- Ajuda você a honrar o feminino em você e nos outros
- Promove o respeito pelas mulheres

A Deusa tem muitos nomes: Tara, Sofia, Ártemis, Atena, Cerridwen, Ceres, Maria, Héstia, Hera, Psiquê, Perséfone, Ísis, Afrodite, Oxum, Oya, Madona Negra, Guadalupe, Mulher Aranha, Mulher Búfalo Branco. A lista é interminável. Esta meditação introduz você ao Feminino Divino como um objeto de meditação.

Meditação

Quando

Faça esta meditação se estiver deprimido e sofrendo de vícios.

Preparação

Estude a Deusa em suas muitas formas na biblioteca ou na Web.

Prática

1 Encontre um local tranquilo ao ar livre. Feche os olhos e respire profundamente por alguns minutos.

2 Imagine que está andando por um caminho que leva a uma floresta. De repente, você encontra um lindo santuário. Você abre a porta devagar e entra. Num altar, vê uma estátua da divindade feminina, a Deusa. Ela não pertence a nenhuma religião específica; simplesmente é a Mãe, Deus na condição feminina, o Divino Feminino.

3 Assim que se ajoelha diante dela, ela começa a lhe ensinar sobre o feminino sagrado e como honrá-la em sua vida. Ela ressalta a importância de viver no agora, a sacralidade de seu corpo e que o seu ser é mais importante que a sua personalidade. O processo, diz ela, é mais importante que o produto. Toda matéria é sagrada e toda matéria é energia. Seja você homem ou mulher, a sua alma é feminina – é a receptora do Divino. Vida, morte e renascimento são o ciclo natural da existência.

4 Contemple o que ela ensinou para você pelo tempo que desejar.

5 Termine sua meditação agradecendo a ela por sua sabedoria. Saia do santuário e da floresta e retorne ao local que você escolheu para meditar.

JESUS, O SALVADOR

A mensagem de Jesus Cristo era de sacrifício e salvação. Quer você seja um cristão praticante ou não, esta meditação ajudará você a conectar-se com sua natureza compassiva.

Benefícios

- Apresenta você ao Cristianismo
- Promove a humildade
- Ajuda você a compreender a ideia de salvação

Jesus viveu na Palestina de 1 d.C. até 33 d.C.. O nome "Jesus" vem do nome hebraico "Joshua" e significa "Jeová é a salvação". Ele é considerado tanto Deus como humano e a segunda pessoa da Santíssima Trindade de Deus o Pai, Deus o Filho e Deus o Espírito Santo. Ele nasceu da Virgem Maria, morreu na cruz para expiar os pecados dos seres humanos, ressuscitou de entre os mortos e ascendeu aos céus.

Meditação

Quando

Faça esta meditação se quiser entender o significado de sacrifício em sua vida.

Preparação

Leia o Novo Testamento da Bíblia.

Prática

1 Sente-se numa almofada ou cadeira no seu espaço de meditação. Pratique a meditação da consciência da respiração por 5 minutos para acalmar e concentrar a sua mente.

2 Recorde a história de Jesus Cristo. Contemple como Ele sacrificou Sua vida por amor aos seres humanos que viviam no pecado e na ilusão. Imagine o Seu desejo de eliminar nosso sofrimento. Pense em como Ele corporificou a compaixão, o perdão, o amor e o sacrifício.

3 Pense sobre sua própria vida e como você poderia viver segundo o exemplo de Jesus Cristo. De que maneira você poderia sacrificar suas próprias necessidades e confortos para aliviar o sofrimento dos outros. Por exemplo, você está disponível para os membros da sua família e suas necessidades? Como você pode facilitar a vida de quem trabalha com você? Você é capaz de perdoar os outros e se abster de julgar? Contemple essas qualidades que Cristo tinha e como você poderia desenvolvê-las em sua própria vida.

4 Reflita sobre o perdão e a salvação. Compreenda que por mais negativo que você tenha sido, você tem a oportunidade de perdoar a si mesmo, de ser perdoado e começar de novo.

5 Termine sua meditação voltando a observar a respiração por 5 minutos.

AS QUATRO NOBRES VERDADES

As Quatro Nobres Verdades estão entre os primeiros ensinamentos que o Buda deu após atingir a iluminação. Elas delineiam o caminho budista básico.

Benefícios

- Introduz você no caminho budista básico
- Concebe o Divino como Natureza Búdica
- Mostra uma maneira de aliviar o sofrimento

As Quatro Nobres Verdades são as seguintes: a sua vida atual é sofrimento; seu apego, raiva e ignorância causam o seu sofrimento; o seu sofrimento pode terminar e você pode entrar no nirvana; você pode dar um fim ao sofrimento seguindo um caminho óctuplo.

Meditação

Quando

Faça esta meditação se tiver interesse num caminho espiritual budista.

Preparação

Leia sobre o Budismo numa biblioteca ou na Web.

Prática

1 Sente-se numa almofada ou cadeira no seu espaço de meditação. Observe sua respiração por 5 minutos.

2 Contemple a primeira verdade do sofrimento. Há o sofrimento do sofrimento: doenças, dor e outras aflições. Há o sofrimento da mudança: todas as coisas boas, por melhores que sejam, inclusive a sua vida, chegam ao fim. Há o sofrimento difuso: a cada momento, você tem o potencial de sofrer. De modo geral, essa verdade diz respeito à nossa insatisfação crônica.

3 Contemple a segunda verdade. A raiva é um dos principais motivos que faz você causar danos e essa ação tem consequências kármicas. O apego mantém você no *samsara* cíclico, enquanto você tenta, em vão, aliviar seu sofrimento por meio das atividades mundanas. Nossa ignorância nos causa problemas, porque não compreendemos os outros ou a realidade.

4 Pense sobre a terceira verdade; como o seu sofrimento pode terminar e você pode obter a paz do nirvana. A boa notícia é que se você mudar a sua mente, pode fazer isso acontecer.

5 Contemple a quarta verdade: existe um caminho óctuplo, que ajudará você até o nirvana. Esse caminho abrange: o pensamento correto, a fala correta, a ação correta, o meio de subsistência correto, a compreensão correta, o esforço correto, a atenção plena correta e a concentração correta.

6 Termine sua meditação revendo as Quatro Nobres Verdades.

SÃO FRANCISCO DE ASSIS

São Francisco nasceu em 1182, numa família muito abastada na pequena cidade de Assis, na Itália. Embora rico, ele decidiu dedicar sua vida a Deus. Ele é conhecido amplamente por seu amor aos animais, os deprimidos e os párias.

Benefícios

- Apresenta você a um santo católico
- Ensina a você uma linda oração a Deus
- Promove amor e compaixão

São Francisco ia de aldeia em aldeia pregando o amor de Deus. Seu evangelho de bondade e amor se disseminou por toda a Europa. Ele finalmente fundou a Ordem dos Frades Mendicantes ou Franciscanos, cujos membros fazem um voto de pobreza, castidade, amor e obediência. Esta meditação é baseada na contemplação da famosa Oração de São Francisco.

Meditação

Quando

Escolha a oração de São Francisco como foco de sua meditação no início ou final de seu dia.

Preparação

Leia a oração em voz alta.

Prática

1 Sente-se numa almofada ou cadeira em seu espaço de meditação.

2 Recite a seguinte oração de São Francisco de Assis e contemple o significado que ela tem para você.

Senhor! Fazei de mim um instrumento da Vossa Paz.
Onde houver ódio, que eu semeie o amor.
Onde houver ofensa, que eu leve o perdão.
Onde houver discórdia, a união.
Onde houver dúvidas, a fé.
Onde houver desespero, a esperança.
Onde houver tristeza, que eu leve a alegria.
Onde houver trevas, que eu leve a luz.
Ó Divino Mestre, fazei que eu procure mais
consolar, que ser consolado;
compreender, que ser compreendido;
amar, que ser amado.
Pois é dando que se recebe.
É perdoando que se é perdoado.
E é morrendo que se vive para a Vida Eterna.

A SABEDORIA DA CABALA

A Cabala, uma forma de misticismo judaico, ensina a meditação como uma maneira direta de vivenciar Deus. As técnicas de meditação cabalista incluem visualizar o Nome Divino e considerar as palavras e letras sagradas o foco de sua meditação.

Benefícios

- Apresenta você ao misticismo judaico
- Ajuda você a se conectar com Deus ou o Divino
- Ajuda você a compreender o seu lugar no universo

Esta meditação é baseada na palavra "Shema", o termo hebraico para "ouvir". É a primeira palavra de uma famosa oração judaica que afirma a fé em um único Deus.

Meditação

Quando

Faça esta meditação de manhã para começar o seu dia.

Preparação

Se possível, aprenda mais sobre a Cabala numa biblioteca ou na Web.

Prática

1 Sente-se numa almofada ou cadeira no seu espaço de meditação. Respire profundamente por alguns minutos, para acalmar, centrar e focar seu corpo e mente.

2 Inspire silenciosamente e expire dizendo "shh". A seguir, inspire de novo e expire dizendo "mmm". Repita esse processo por 5 minutos, permitindo que ele leve você a um profundo estado meditativo.

3 A partir desse estado calmo e focado, comece a contemplar algumas das crenças da Cabala. Considere que um Ser Infinito é a fonte de toda existência.

4 Compreender o propósito de sua vida é tornar-se um com esse Ser Infinito ou o Divino. Una-se ao Divino vivendo uma vida moral e espiritual. Como você e a humanidade são uma só unidade, você deve ser compassivo. Perceba que você é um microcosmo de toda criação e feito à imagem de Deus.

5 Termine sua sessão repetindo a meditação "Shema" pelo tempo que quiser.

O CAMINHO SUFI

O sufismo é a dimensão interior, mística e espiritual do Islã que surgiu em torno do século IX. O sufi trabalha para atingir um estado de abertura ou iluminação em união com Deus.

Benefícios

- Apresenta você ao Sufismo
- Promove a união mística com Deus
- Ajuda você a se render ao amor de Deus

No Sufismo, a mente é conhecida como "o assassino do real", na medida em que ela separa você da verdade espiritual que você só encontra em seu coração. A verdade é compreendida como um estado de unidade com Deus, além da dualidade da sua mente. Você medita aquietando a sua mente e concentrando-se em Deus, como se fosse um amante em busca do ser amado.

Meditação

Quando

Pratique esta meditação logo pela manhã.

Preparação

Pense sobre o que significa para você render-se ao amor de Deus.

Prática

1 Sente-se numa almofada ou cadeira no seu espaço de meditação. Respire profundamente por alguns minutos para preparar-se para meditar.

2 Concentre-se no seu coração e na área do chakra do coração, no seu esterno. Concentre-se em alguém que você ama. Pode ser um membro da família, um amante ou um amigo. Sinta qualquer sentimento que surja. Você pode sentir calor, doçura, suavidade ou ternura. Talvez sinta uma sensação de paz ou silêncio. Pode sentir tristeza, dor ou perda. Mergulhe nesse sentimento e tente colocar-se totalmente no amor em seu coração.

3 Os pensamentos se intrometerão em estado sensível. Memórias podem ser estimuladas. Imagens vão emergir no relaxar e seu olho mental. Imagine que você funde cada pensamento em seus sentimentos de amor. Com a prática, todos os seus pensamentos irão desaparecer e você ficará imerso em seus sentimentos de amor.

4 Por fim, pratique esta meditação com Deus como objeto de amor. Aproxime-se de Deus como um amante que anseia por seu Amado.

MESTRE ESPIRITUAL

Os mestres espirituais estão disponíveis em todas as tradições. É importante escolher um mestre com sabedoria. Esta meditação orientará você para escolher o mestre certo para ajudá-lo a conectar-se com o Divino.

Benefícios

- Ajuda você a compreender a relação mestre-aluno
- Ajuda você a avaliar as qualidades do mestre
- Fortalece você como aluno

Os budistas tibetanos recomendam passar anos avaliando um mestre potencial. É provável que esse seja um bom conselho para qualquer tradição, seja cristã, budista, hindu ou da Nova Era. Não cometa o erro de pensar que um mestre assumirá responsabilidade pela sua vida. Em última análise, a responsabilidade pelo seu desenvolvimento espiritual pertence unicamente a você.

Meditação

Quando

Faça esta meditação se estiver pensando em um mestre espiritual.

Preparação

Escreva sobre os motivos de você desejar um mestre espiritual ou guru.

Prática

1 Sente-se numa almofada ou cadeira em seu espaço de meditação. Respire profundamente para relaxar o corpo e centrar a mente.

2 Pergunte a si mesmo por que quer um mestre espiritual ou guru. O que você espera aprender e por que pensa que ele é necessário? Confira se você tem as seguintes qualidades: você tem a mente aberta? Você é inteligente e tem uma mente crítica, disposta a questionar seu mestre? Você quer se desenvolver espiritualmente e não só intelectualmente?

3 Pergunte-se se seu mestre em potencial tem as seguintes qualidades: ele é uma pessoa moral e ética que não prejudica os outros? Ele é capaz de se concentrar? Ele parece ser liberto do ego e do egoísmo? Ele tem o amor e a compaixão como principais motivações para ensinar? O seu mestre em potencial realizou os níveis mais altos de sua tradição? Ele tem uma tremenda energia e entusiasmo para ensinar? Ele tem um conhecimento acadêmico extenso em sua tradição? O seu mestre em potencial é mais desenvolvido espiritualmente, que você? Ele se comunica bem? Por fim, o seu mestre abandonou o desapontamento pessoal com seus alunos?

4 Passe algum tempo contemplando as qualidades listadas acima. O seu mestre em potencial não precisa ter todas elas, mas as cinco primeiras são as mais importantes.

O CAMINHO TAOISTA

O Taoismo, juntamente com o Confucionismo e o Budismo, é uma das três grandes religiões da China. Lao-Tzu (604-531 a.C.), autor do *Tao-te-King* é considerado o fundador do Taoismo.

Benefícios

- Introduz você ao pensamento taoista
- Promove paz e serenidade
- Conecta você com a natureza

Lao-Tzu criou uma filosofia e um modo de vida que é pacífico e em harmonia com a natureza. O Taoismo influenciou a acupuntura, a medicina holística, a meditação e as artes marciais tais como T'ai Chi e Chi Kung. O Yin/Yang é um símbolo taoista bem conhecido mostrando duas formas curvas dentro de um círculo, um escuro, outro claro, cada qual contendo parte do outro. Ele simboliza todas as forças dualistas, como claro e escuro, masculino e feminino.

Meditação

Quando

Faça esta meditação quando quiser sentir mais harmonia com a natureza e os outros.

Preparação

Procure um rio ou córrego.

Prática

1 Sente-se ou fique em pé perto de um rio ou córrego onde você fique em silêncio, sem ser perturbado. Respire profundamente por alguns minutos para aquietar-se e centrar sua mente.

2 Perceba como a água flui sobre e em torno das pedras e raízes das árvores. Contemple como a vida é mais harmoniosa quando você não resiste, ou não vai contra ela. O termo taoista *wu-wei* significa "não forçar". Significa tentar acompanhar ou nadar com a corrente em vez de contra ela. Significa não vencer, para atingir objetivos maiores.

3 Contemple como você se sente quando tenta forçar um assunto ou fazer algo acontecer de acordo com seus desejos. Mesmo que você consiga obter o que quer, como se sente estando em conflito e competição com os outros? Será que essa foi a melhor abordagem para todos os envolvidos?

4 *Wu-wei* é uma abordagem da vida na qual você observa o fluxo na natureza e no comportamento humano e escolhe a forma mais harmoniosa de lidar com ele. Observe o córrego e como a água flui escolhendo o caminho de menor resistência. Como você pode usar essa sabedoria da natureza para tornar a sua vida e a vida dos outros à sua volta mais pacífica e harmoniosa?

O CAMINHO WICCA

Wicca é uma religião neopagã recentemente criada, que começou no Reino Unido na década de 1940 e, desde então, se disseminou pela Europa, Canadá e Estados Unidos. De um modo geral, ela é baseada nos símbolos, crenças e divindades das antigas sociedades celta e druídica.

Benefícios

- Apresenta você à Wicca
- Promove a ligação com a natureza
- Apresenta você ao seu guia espiritual em forma animal

A maioria dos praticantes Wicca acredita numa forma masculina ou feminina de Deus. Muitos escolhem um totem animal que funciona como um guia espiritual em sua vida diária. Esta meditação apresenta você ao seu totem animal.

Meditação

Quando

Faça esta meditação quando você estiver aberto para obter um guia espiritual ou totem animal.

Preparação

Dê uma olhada num livro sobre a Natureza com belas fotos de animais. Veja quais atraem você. Preste atenção aos seus sonhos por uma semana e veja se aparece algum animal em especial.

Prática

1 Sente-se numa almofada ou cadeira no seu espaço de meditação. Feche os olhos e sente-se com a coluna ereta.

2 Imagine-se num grande campo. A curta distância você enxerga montanhas; você começa a caminhar na direção delas e encontra a abertura de uma caverna. Na entrada há um lampião, que você pega antes de entrar na caverna. O lampião ilumina o interior quente e seco. Você sente uma presença benigna e, por curiosidade, você entra mais fundo.

3 Você segura alto o lampião e observa o ser que está à sua frente. Você reconhece esse ser como o seu totem animal. É um urso, um cachorro, um coelho? Fale com esse animal e deixe ele falar com você. Pergunte-lhe o que ele tem para ensinar a você e como você pode incorporar essa orientação em sua vida diária. Se quiser, peça conselho sobre um determinado problema que preocupa você.

4 Curve a cabeça em sinal de reverência para o seu novo guia animal. Peça para ele lhe dizer seu nome. Dê a ele um presente e aceite outro em troca. Peça para que ele esteja ali para você quando precisar de orientação. Reverencie novamente enquanto sai. Devolva o lampião à entrada da caverna. Volte-se e olhe para trás, memorizando a exata localização da caverna para que você possa voltar sempre que quiser.

RECONECTAR-SE COM O DIVINO

Se você já teve uma vida espiritual mas a deixou para trás, e agora se sente um pouco perdido e confuso, esta meditação ajudará você a conectar-se novamente com o Divino.

Benefícios

- Ajuda você a escolher um caminho espiritual
- Ajuda você a conectar-se novamente com o Divino
- Incentiva você a dar-se tempo

Meditação

Quando

Faça esta meditação se quiser se reconectar com sua espiritualidade.

Preparação

Escreva uma curta autobiografia espiritual.

Prática

1 Sente-se numa almofada ou cadeira em seu espaço de meditação. Respire profundamente para relaxar e esvaziar a mente. Peça a Deus ou ao seu poder superior para se juntar a você nesta meditação. Talvez você sinta desconforto ou culpa por não tê-lo como parte de sua vida há tanto tempo. Lembre-se que o Divino é todo amor e compaixão e, ao evocá-lo, você terá a ajuda dele.

Talvez você tenha pertencido a alguma igreja e, por algum motivo, deixou de pertencer. Talvez você tenha tido uma desavença com seu pastor ou padre, ou alguém de sua igreja. Ou talvez você não se sentisse mais confortável com as crenças e doutrinas da fé que escolheu. O tempo passou e você tem dúvidas sobre onde começar ou que caminho é certo para você. Tudo o que sabe é que quer conectar-se novamente com Deus ou seu poder superior. Esta meditação vai ajudar você a esclarecer o que quer fazer.

2 Leia sua autobiografia espiritual para Deus ou seu poder superior. Agora peça para que a relação de vocês seja renovada. Peça pela orientação dele para o novo estabelecimento de sua ligação. Sente-se em silêncio e peça para que isso aconteça.

3 Caso se sinta confortável, peça por ajuda na escolha de um novo caminho espiritual ou ajuda para retornar ao antigo. Reserve tempo a si mesmo para que isso aconteça. Sente-se em silêncio e abra seu coração para a ideia de reingressar numa comunidade.

4 Termine sua meditação agradecendo a Deus ou a seu poder superior por entrar novamente em sua vida.

ORAÇÃO DIRIGIDA

Na oração dirigida, você pede a Deus ou ao seu poder superior para que algo específico aconteça. Você pode também usar afirmações. Esta forma de oração pode ser um recurso poderoso para a cura.

Benefícios

- Ajuda você a enfocar no motivo de sua oração
- Faz uso da visualização e da intenção
- Promove a cura

Você provavelmente tem mais familiaridade com a oração dirigida, na qual rogamos a Deus ou a um poder superior para que algo específico aconteça. Por exemplo, se alguma pessoa amada está com câncer, você pode pedir para que Deus cure essa pessoa eliminando as células cancerosas. Você também visualiza isso acontecendo.

Meditação

Quando

Pratique a oração dirigida quando quiser rezar para Deus ou seu poder superior para um resultado específico.

Preparação

Determine se você quer orar para que algo aconteça para você ou para outra pessoa.

Prática

1 Sente-se numa almofada ou cadeira no seu espaço de meditação ou, se preferir, ajoelhe-se para rezar.

2 Traga à mente o objeto de sua oração. Seja específico. Se quiser rezar por sua própria cura, peça a Deus ou ao seu poder superior para restaurar a sua saúde. Por exemplo, se você tem um desequilíbrio da tireoide, reze para que sua medicação funcione e que você se sinta saudável novamente.

3 Rogue a Deus a partir do seu coração. Visualize sua doença sendo eliminada por meio do amor e intervenção Divinos. Veja o medicamento operando em sua corrente sanguínea alterando seus hormônios e dando um impulso à sua tireoide cansada.

4 Pratique esta oração dirigida diariamente até sentir alguma melhora. Quando isso acontecer, agradeça a Deus ou ao seu poder superior por sua gentil intervenção.

ORAÇÃO NÃO DIRIGIDA

A oração não dirigida não tem limites fixos. Embora seja dirigida a Deus ou a seu poder superior, ela não pede que aconteça um resultado específico ou a realização de um objetivo.

Benefícios

- Oferece uma alternativa para a oração dirigida
- Apresenta uma forma poderosa de oração
- Apresenta você ao poder da mente

Meditação

Quando

Medite usando a oração não dirigida a qualquer momento.

Preparação

Esteja aberto e receptivo para o poder da oração em sua vida.

Prática

1 Sente-se numa almofada ou cadeira no seu espaço de meditação. Observe a respiração por 5 minutos, para acalmar e centrar sua mente.

2 Pense em uma pessoa, quer seja você mesmo ou outra, que você gostaria de ajudar por meio da oração. Traga à mente o

Na oração não dirigida, você ora dizendo e pretendendo que "Seja feita a vossa vontade" ou "Permita que seja". Ao fazer isso, você se alinha com a Mente Divina. Considere o resultado que você deseja como um fato consumado, mas não especifique mentalmente como chegar ao resultado.

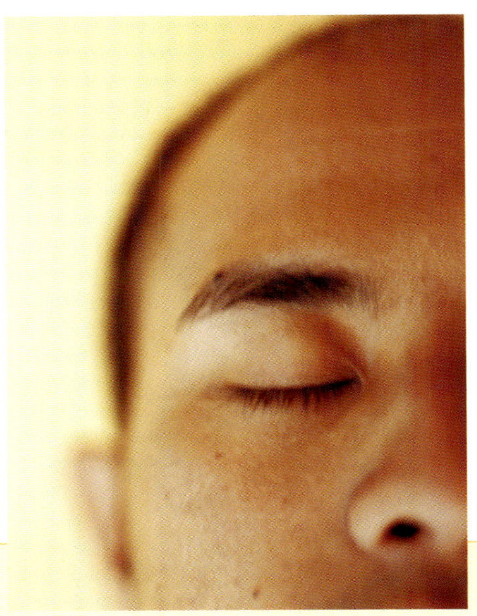

problema que você gostaria de tratar. Por exemplo, talvez você queira curar uma urticária que apareceu por uma razão desconhecida.

3 Gere um sentimento de amor e compaixão por si mesmo e pelos outros. Peça a Deus ou ao seu poder superior para devolver a você um estado de equilíbrio segundo o desejo dele, seja qual for. Em vez de pedir um resultado específico que foi visualizado e definido por você, ore para que os princípios, padrões e condições que forem melhores para você nesta situação em especial se manifestem. Peça para que eles estejam alinhados com a vontade Divina e para o bem de todos.

4 Pratique esta oração não dirigida diariamente até que seu estado ou circunstâncias melhorem.

PRESENÇA DIVINA

Você pode ter a sensação de que Deus ou o Divino está ausente, de modo que você reza para que ele se faça conhecer. Não obstante, Deus, o Divino ou o Sagrado, seja como for que você o caracterize, está intimamente presente em cada momento.

Benefícios

- Desafia a noção de que Deus está ausente
- Gera a visão de que toda vida é parte do Sagrado
- Ajuda você a reconhecer a energia Divina

O Divino está presente como uma energia que sustenta você. A jornada espiritual é geralmente compreendida como a purificação da ilusão. Uma das principais ilusões de nosso tempo é o materialismo, ou a visão que limita a realidade somente ao que pode ser determinado pelos sentidos. Esta meditação ajudará você a reanimar a sua realidade com a presença do Sagrado.

Meditação

Quando

Faça esta meditação quando quiser reconhecer a presença Divina em sua vida.

Preparação

Investigue a sua compreensão do caráter sagrado de toda a realidade.

Prática

1 Sente-se numa almofada ou cadeira em seu espaço de meditação. Respire profundamente por alguns minutos para focar e concentrar a sua mente.

2 Peça para que Deus ou o Divino esteja com você. Enquanto pede, perceba que o Divino está sempre presente. Reflita sobre a ideia de que o Divino está com você em todos os momentos não sendo, de fato, necessário invocá-lo. Peça para que o Divino esteja com você só para trazê-lo à sua consciência. Você faz isso por esquecer, na sua vida cotidiana comum, que Deus ou o Divino mora em você.

3 Contemple a ideia de que Deus ou o Divino reside em toda criação. A energia Divina anima o universo, desde o menor quark a distâncias infinitas do espaço. Não é algo que se possa enxergar a olho nu, mas com meditação, prática e oração a verdadeira natureza do caráter sagrado de toda a realidade se revela. Contemple que esta é a sabedoria sagrada revelada nas tradições místicas de Moisés, Jesus Cristo, Maomé e Buda.

4 Comprometa-se a reanimar a sua vida com o reconhecimento da presença Divina.

A DANÇA DE SHIVA

Medite no simbolismo da Dança Cósmica do deus hindu Shiva e entenda como o universo opera. Contemple a dança da Criação, Preservação e Destruição de Shiva, para aprender que o seu mundo é verdadeiramente sagrado.

Benefícios

- Apresenta você ao deus hindu Shiva
- Ajuda você a aprender com as qualidades de Shiva
- Ajuda você a se desfazer de coisas que não o ajudam mais

Shiva costuma ser retratado com quatro braços, dançando num anel de fogo. Ele é o terceiro deus da tríade hindu composta de Brahma, o criador, Vishnu, o preservador e Shiva, o destruidor. É a destruição criada por Shiva que permite a recriação positiva. Por exemplo, um artista pode derreter antigas peças de metal durante o processo de criar uma linda escultura nova.

Meditação

Quando

Faça esta meditação se precisar largar idéias sem brilho, relacionamentos ou atividades que não mais satisfazem você.

Preparação

Encontre uma imagem de Shiva numa biblioteca ou na Web.

Prática

1 Sente-se numa almofada ou cadeira no seu espaço de meditação. Respire por alguns minutos profundamente para relaxar e concentrar a sua mente.

2 Visualize Shiva dançando em seu anel de fogo. Contemple a qualidade dinâmica da vida e a importância da destruição no ciclo da vida. Lembre-se que toda a vida está em constante movimento, como Shiva dançando sua dança cósmica. Relaxe com a ideia de que tudo é mudança e nada é estático ou fixo.

3 Pense no seu passado e em como as coisas que você tinha não existem mais como você as conhecia. Por exemplo, você pode ter tido um carro que agora foi para o ferro-velho. Pense nos relacionamentos que você teve que terminaram por causa de morte ou separação. Lembre-se de como novas relações, ideias e realidades entraram em sua vida.

4 Pense em algo – uma ideia, um emprego, um relacionamento ou uma atitude – que você precisa mudar. Contemple a dança de Shiva para entender a qualidade dinâmica de sua vida e para ajudar você a "destruir" o que não é mais positivo, para "criar" e "preservar" aquilo que serve a você e ao universo.

5 Termine sua meditação visualizando que você abre mão de tudo o que não estiver mais servindo a você.

DEUS PESSOAL *VS* REALIDADE MÍSTICA

O Judaísmo, o Cristianismo e o Islamismo desenvolveram, cada qual, a ideia de um Deus pessoal, que ajudou incontáveis seguidores a amadurecer espiritualmente enquanto seres humanos. Contudo, a ideia de um deus pessoal pode também levar você a julgar, condenar e justificar o dano aos outros.

Benefícios

- Ajuda você a evitar armadilhas religiosas
- Incentiva a contemplação do significado que você atribui ao Divino
- Promove a maturidade espiritual

Cada um dos três monoteísmos listados acima desenvolveu uma tradição mística que considera Deus como um símbolo de uma realidade que não pode ser descrita. Esta meditação ajuda você a explorar a sua compreensão do Divino, no seu próprio caminho espiritual.

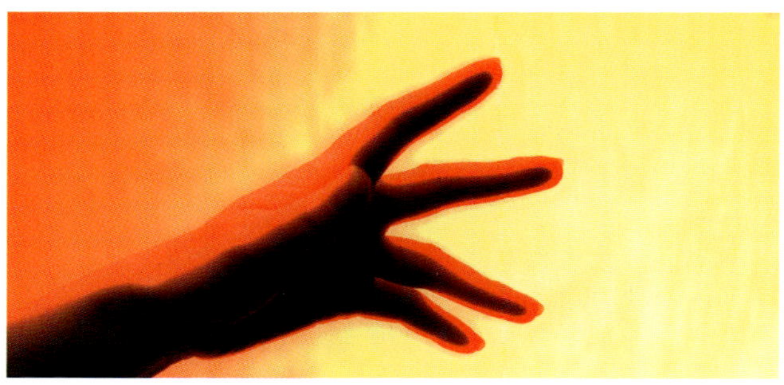

Meditação

Quando

Faça esta meditação quando quiser explorar sua compreensão do Divino.

Preparação

Escreva sobre o que o Divino significa para você.

Prática

1 Sente-se numa almofada ou cadeira no seu espaço de meditação. Pratique a meditação da consciência da respiração por 5 minutos.

2 Traga à mente o seu entendimento de Deus ou do Divino. Você pode ser ateu, agnóstico, budista ou hindu. Ou talvez se considere um praticante de uma das três religiões monoteístas mencionadas acima – Judaísmo, Cristianismo ou Islamismo.

3 Deus é para você um símbolo das realidades místicas ou é um Deus pessoal com qualidades humanas como as suas? Você sente que personifica o "potencial Divino", como na tradição da iluminação budista? Ou sente que está separado de Deus? Você sente que pode se fundir com Deus na oração? Caso não creia num Deus pessoal, você tem alguma outra forma de poder superior, uma compreensão mística da realidade ou outro modo de compreender o Divino?

4 Você tem algum tipo de sentimento de que Deus está do seu lado e contra os outros? Você sente que isso é um problema? O seu Deus é um Deus punitivo? Se for assim, considere o lado negativo dessa atitude para você mesmo e para os outros.

5 Continue a meditar sobre essas questões durante várias sessões. Investigue totalmente a sua noção do Divino. Não há respostas certas ou erradas e tudo bem se você não sabe exatamente o que pensa. A ideia é fazer as perguntas e respondê-las da melhor forma possível.

GLOSSÁRIO

AMATERASU Grande deusa do sol do Japão e suprema divindade da religião xintoísta. Ela é especialmente venerada no solstício de inverno quando o sol começa a retornar para o plantio da primavera.

AVALOKITESHVARA Uma divindade do Budismo tibetano considerada a personificação da natureza compassiva de todos os Budas.

BODHISATTVA Uma pessoa dotada de profunda compaixão que, mesmo tendo atingido a iluminação, adia a sua entrada no Nirvana para ajudar outras pessoas a fazer o mesmo.

BRAHMA Um deus criador, o primeiro da trindade hindu, costuma ser representado com quatro cabeças olhando para os quatro cantos do mundo.

BUDA Significa literalmente "aquele que despertou". O Buda é a forma iluminada de Sidarta Gautama, também conhecido como Sakyamuni, que nasceu em 563 a.C. e foi o fundador/criador do Budismo enquanto prática espiritual. Um Buda é também uma pessoa que atingiu a iluminação e está livre de todo tipo de ânsia ou negatividade.

CABALA A palavra hebraica "Cabala" significa receber e se refere à comunicação entre Deus e Moisés. A Cabala é uma forma mística da religião judaica que coloca ênfase no simbolismo de sílabas e números.

CHAKRA Palavra sânscrita, que significa "roda". Tanto os hindus como os budistas acreditam que existem sete chakras ou centros de energia sutil no corpo, localizados ao longo da coluna, que podem ser "abertos" por meio de certos movimentos físicos e técnicas psíquicas/mentais/espirituais, de modo que a energia possa ser liberada e utilizada.

DERVIXE Um membro de uma seita muçulmana turca sufi, que pratica uma dança de rodopio para atingir o êxtase religioso e a conexão com Alá.

IZANAGI O deus xintoísta japonês que gerou as ilhas e deuses do Japão com sua irmã Izanami.

KIN HIN Uma forma de meditação caminhando praticada pelos zen-budistas que costuma se interpor a longos períodos de meditação sentada.

KUAN YIN Uma das divindades femininas mais importantes e amadas do Budismo chinês. Ela é considerada a expressão viva da compaixão e é também associada ao Avalokiteshvara tibetano, a Kanon japonesa e a Buda feminina tibetana Tara.

MALA Rosário budista com 108 contas usado como auxílio para a repetição de mantras.

MANDALA Um desenho circular que pode simbolizar o eu, o cosmos ou o ambiente de uma divindade.

MANI Abreviação de "Om Mani Padme Hum", um mantra famoso do Budismo tibetano que literalmente significa "Veja! A Joia no Lótus". Ensina-se que cada sílaba purifica o sofrimento nos seis reinos da existência. "Om" purifica o orgulho, "Ma" a inveja, "Ni" o desejo, "Pa" a estupidez, "Me" a possessividade e "Hum" o ódio.

MANTRA Uma sílaba sagrada ou sequência de sílabas repetidas muitas vezes na meditação para proteger a mente da negatividade e conectar-se com a existência iluminada. Uma das mais conhecidas é o mantra sagrado "Om".

MERIDIANOS Canais de energia no corpo que fazem circular o "chi" ou energia vital. Os acupunturistas chineses usam os 2000 pontos reconhecidos ao longo dos doze meridianos principais para inserir agulhas para tratar várias doenças.

MULHER ARANHA Uma divindade feminina das tribos nativas americanas Hopi/Navajo, considerada a força feminina de toda a criação. Ela mantém toda a criação unida em sua teia que liga todas as pessoas e coisas.

NIRVANA Palavra sânscrita que significa "extinção" ou "apagar com o sopro", referindo-se ao fim do sofrimento e desejo. A liberação do ciclo do infinito renascimento e sofrimento; um estado de paz.

SAMSARA No Budismo, a existência dos seres comuns, caracterizada pelo constante renascimento num ou em outro dos seis reinos do renascimento. O Samsara é caracterizado pelo sofrimento e a insatisfação.

SAVASANA Uma postura de yoga com apoio, também chamado "postura do cadáver", usada para um profundo relaxamento.

SHAKTI Na religião hindu, a consorte de Shiva; a energia feminina divina. A energia criativa percebida como uma divindade feminina.

SHIVA Shiva é o aspecto destruidor da trindade hindu de deuses.

SUSANOWO O deus xintoísta japonês do mar e tempestades, conhecido por ter um temperamento furioso. Irmão da Deusa japonesa do Sol Amaterasu.

TARA Uma bodhisattva feminina da compaixão, especialmente venerada pelos budistas tibetanos. Ela assumiu o voto de perpetuar ativamente a disseminação da iluminação até que não reste um único ser não iluminado. Ela prometeu, além disso, só renascer como mulher até que todos os seres sejam iluminados.

TINGSHAS Dois discos muito pequenos em forma de pratos, batidos um contra o outro para produzir um som de sino. Os budistas usam os tingshas para limpar um espaço da energia negativa ou para começar e terminar uma sessão de meditação.

TONGLEN Significa "dar e receber". Nesta prática budista tibetana a pessoa inspira a dor e o sofrimento dos outros e expira amor e compaixão. A prática é destinada a aumentar a compaixão, bem como a destruir o ego egoísta do praticante.

UZUME Deusa xintoísta japonesa que seduziu a deusa do sol Amaterasu para fora de sua caverna com danças lascivas e brincadeiras impudicas. Ela é semelhante à deusa Baubo na tradição ocidental.

VISHNU Um dos deuses da trindade hindu, o preservador ou cuidador do universo, que equilibra todas as coisas que existem.

ZABUTON Tapete retangular projetado para ficar embaixo de uma almofada de meditação para proteger tornozelos e joelhos de um chão duro.

ÍNDICE

A

B

C

D

E

F

G

H

I

J

K

L

N

O

P

Q

U

V

W

X

Y

Z

AGRADECIMENTOS

AKG, London/Jean-Louis Nou 174. **Bridgeman Art Library, London/New York**/British Museum, London, UK 362. **Corbis UK Ltd**/98, 158, 288, 300, 382; /Alen Macweeney 154; /Ariel Skelley 206; /Arte & Immagini srl 356; /Bob Krist 286; /Charles & Josette Lenars 188; /Christie's Images 354; /David Martinez 209; /Elio Ciol 360; /Franco Vogt 144; /Jose Luis Pelaez 352; /Justin Hutchinson 117; /L. Clarke 170; /NASA 131; /Owen Franken 366; /Richard Cummins 350; /Roy McMahon 84; /Ted Streshinsky 380; /Tom Stewart 124; /W. Wayne Lockwood, M.D. 319; /Yoshitoshi 343. **Eye Ubiquitous** 316. **Getty Images** 38-39, 112, 147, 161, 182, 187, 205, 218, 232, 234, 236, 242, 252, 258, 280, 282, 292, 294, 326, 338, 378; /Adastra 308;/Peter Adams 312; /Daniel Allan 320; /Ty Allison 268; /Paul & Lindamarie Ambrose 88; /Ross Anania 290; /Jim Arbogast 254; /David Ash 330; /Martin Barraud 8; /Nancy

Brown 250; /Buccina Studios 32; /Burke/Triolo Productions 162; /Paul S Conrath 102; /Neil Emmerson 118; /David Epperson 9; /Andrew Errington 128; /Grant Faint 212; /Adam Friedberg 231; /Todd Gipstein 97; /Tim Hall 12; /Jason Hawkes 202; /Gavin Hellier 264; /Hisham F Ibrahim 68-69; /Gavriel Jecan 226; /Michael Krasowitz 192; /John Lamb 217; /Sanna Lindberg 18; /Ghislain & Marie David de Lossy 86; /Manchan 240; /Ebby May 374; /Patti McConville 180; /Ian Mckinnell 72; /Rob Meinychuk 107; /George F Mobley 239; /Jen Petreshock 314; /Jurgen Reisch 260; /Rick Rusing 150; /David Sacks 256; /Ellen Schuster 74; /Stephen Simpson 220; /Jeff Spielman 285; /Szczepaniak 94; /Mequmi Takamura 28; /Alan Thornton 149; /Andrew Bret Wallis 140; /Jeremy Woodhouse 132-133. **Octopus Publishing Group Limited** 2, 4, 6-7, 11, 15, 16, 20-21, 26, 27, 30-31, 33, 34-35, 36 Top, 36 Bottom, 40-41, 43, 51, 52-53, 54, 56, 61, 63, 64, 66, 70, 76-77, 78, 79, 82, 100, 104-105, 108, 111, 114-115, 120, 122, 127, 139, 143, 152, 156, 164, 166, 169, 178, 184, 190, 194-195, 198, 200, 210, 214, 222, 224, 228, 249, 262, 266, 271, 272, 274, 276, 278, 296, 299, 302, 304, 307, 310, 322, 324, 328, 332, 334, 336, 341, 344, 347, 358, 364, 368, 370, 373, 377; /Walter Gardiner 23; /Ian Parsons 1, 14, 29, 58, 348; /Peter Pugh-Cook 244; /Ian Wallace 25, 246. **Science Photo Library**/Garion Hutchings 196. **The Picture Desk Ltd**/The Art Archive/Private Collection Paris/Dagli Orti 176.